casa
organizada

CARO LEITOR,

Queremos saber sua opinião sobre nossos livros.

Após a leitura, curta-nos no facebook/editoragentebr, siga-nos no Twitter @EditoraGente e visite-nos no site www.editoragente.com.br. Cadastre-se e contribua com sugestões, críticas ou elogios.

Boa leitura!

THAIS GODINHO

casa organizada

A arte da organização para transformar a casa e a rotina de quem não tem tempo

Diretora
Rosely Boschini

Gerente Editorial
Marília Chaves

Editora e Supervisora de Produção Editorial
Rosângela de Araujo Pinheiro Barbosa

Assistentes Editoriais
César Carvalho e Natália Mori Marques

Controle de Produção
Karina Groschitz

Preparação
Geisa Mathias de Oliveira

Projeto gráfico
Neide Siqueira

Diagramação
Join Bureau

Revisão
Vero Verbo Serviços Editoriais

Capa
Miriam Lerner

Imagem de capa
Juliar Studio/Shutterstock;
nuiiun/Getty Images

Impressão
Bartira

Copyright © 2016 by Thais Godinho
Todos os direitos desta edição são
reservados à Editora Gente.
Rua Wisard, 305, sala 53
São Paulo, sp – CEP 05434-080
Telefone: (11) 3670-2500
Site: http://www.editoragente.com.br
E-mail: gente@editoragente.com.br

Dados Internacionais de Catalogação na Publicação (CIP)
Angélica Ilacqua CRB-8/7057

Godinho, Thais
　　Casa organizada: a arte da organização para transformar a casa e a
rotina de quem não tem tempo/Thais Godinho. – São Paulo: Editora
Gente, 2016.
　　224 p.

　　ISBN 978-85-452-0056-7

　　1. Lar – Administração 2. Economia doméstica 3. Administração do
tempo I. Título.

16-0468
　　　　　　　　　　　　　　　　　　　　　　　　　　　　　CDD-640

Índices para catálogo sistemático:
1. Administração doméstica : vida familiar　　640

Agradecimentos

Eu agradeço sempre, em primeiro lugar, à minha família, que me permite ser quem sou e fazer tudo o que faço. Meu filho maravilhoso, meu marido e todos ao nosso redor que formam nossa rede de apoio. Muito obrigada.

Em dois anos, desde o lançamento do meu primeiro livro, o Vida Organizada cresceu bastante e eu tive a oportunidade de conhecer pessoas incríveis. Gostaria de agradecer à Carol, que hoje é praticamente meu braço direito, e ao Marcos, que cuida do relacionamento comercial do blog, além de todas as pessoas que fazem com o que Vida Organizada exista, principalmente os leitores mais queridos do mundo. Muito, muito obrigada.

Obrigada à Ana Soares, à Wanice Bon'Àvigo, ao Tadeu Motta, e à Clarissa Passos, pela parceria. Obrigada a todos os parceiros e apoiadores publicitários que acreditaram no Vida Organizada.

Um agradecimento mais do que especial ao Daniel Burd, parceiro e amigo, além de toda a equipe da Call Daniel, que trago comigo em meu coração: meu amigo Jacques e família, Karina,

Michelle, Renata, Joice, Marta, Gabriel, Ana Vithoria, Tauane, Mariane, Vitor, Debora, Patricia. Toda a equipe da Lumen.

Sempre agradecerei ao David Allen, por criar o método de gestão da vida perfeito (GTD), e à sua adorável esposa Kathryn, por me receberem como se eu fosse da família quando viajei sozinha pela primeira vez à sua cidade para tirar a certificação do GTD. Também a Ana Maria, minha ídola-mor, e a Meg, que me conduziu tão bem em todos os passos para que eu me tornasse uma boa instrutora da melhor metodologia de produtividade que existe. Eu adoro vocês!

Agradeço a existência da Martha Stewart, que é minha mentora sem saber da minha existência. E também agradeço à Marie Kondo, pela popularização do assunto "destralhamento" no mundo todo e, em especial, no Brasil. As pessoas precisam disso.

Gostaria de agradecer também a todos os profissionais de organização e produtividade que estão trabalhando para estruturar um mercado bacana de organização em nosso país. Muito obrigada!

Sumário

Capítulo 1

A casa como nosso santuário 11

Os cinco passos da organização 15

Não pense que cuidar da casa "dá trabalho" 16

Benefícios de organizar a casa 20

Cuidar da casa no século XXI é um pouco diferente! 22

O que mudou no mundo afeta o seu mundo 25

Vamos falar também sobre nossas expectativas sobre uma casa organizada 27

Milagres acontecem quando todo mundo faz o mínimo 31

Principais problemas identificados no dia a dia para cuidados com a casa 33

Capítulo 2

Destralhar é o primeiro passo 39

Como começar a destralhar 49

O que fazer com os objetos que não quero manter 52

Como se desfazer do que é tralha   **54**

Dicas para destralhar a casa todos os dias   **55**

Desculpas que costumamos dar para não
destralhar a casa   **58**

Tenha um lugar para cada coisa na sua casa   **61**

Tralha emocional   **62**

Dicas para imóveis pequenos   **65**

O que fazer com os objetos que ficam   **67**

Capítulo 3

Como organizar cada cômodo   69

Conhecendo seu espaço   **72**

Definindo a função de cada cômodo   **73**

Qual seu poder de armazenamento?   **74**

Providenciando o que for necessário   **77**

Onde comprar produtos para organização   **78**

Um papo sobre segurança   **86**

Seu estilo de decoração influencia a organização   **88**

Dicas específicas para todos os cômodos   **91**

Áreas comuns   **91**

Entrada   **91**

Cozinha   **95**

Sala   **104**

Banheiro   **106**

Quarto   **111**

Área de serviço   **114**

Áreas específicas   **115**

Quarto de criança   **115**

Quarto de bebê   **118**

Sumário   9

Home-office   **121**

Varanda, terraço ou quintal   **123**

Garagem   **124**

Sala de jantar   **124**

Armazenamento   **125**

Guarda-roupa   **125**

Livros e revistas   **135**

CDS, DVDS   **137**

Brinquedos   **137**

Cosméticos e maquiagem   **138**

Material de escritório   **139**

Material escolar   **140**

Malas e acessórios de viagem   **141**

Artigos esportivos   **142**

Enfeites sazonais   **142**

Dúvida: vale a pena locar espaços externos
para armazenamento   **143**

Despensa   **143**

Capítulo 4

Arrumar a casa é terapêutico   147

Menu semanal   **149**

Planejamento anual   **152**

Inserindo os outros moradores na organização   **155**

Centro de comando   **160**

Técnica Pomodoro   **163**

Quatro táticas para envolver as crianças na
organização   **164**

Como ensinar as crianças a serem organizadas   **166**

10   Casa organizada

Capítulo 5

Mantendo a casa em ordem   173

Distribuição da minha semana   176

Começando a pensar em rotinas   178

    Rotina da manhã   180

    Rotina da noite   180

    Outras rotinas   181

Áreas da sua casa   182

Organizando a limpeza e a arrumação da casa por áreas, semanalmente   183

    Rotinas de lavanderia   184

Lista de limpeza detalhada de cada cômodo   192

    Checklist diária   195

    Checklist semanal   196

    Checklist mensal   197

    Checklist sazonal   198

    Checklist semestral   199

    Checklist anual   200

    Outras checklists   201

Capítulo 6

Curtindo a casa que se tem   203

As estações   211

Transforme a sua casa   212

Ame a sua casa   218

Bibliografia   223

Capítulo 1

A casa como nosso santuário

A.C.454

contra-nosso

SANTUÁRIO

*Você não precisa de uma casa de capa de revista,
mas de uma casa real, que funcione.*
Thais Godinho

Você já pegou uma revista de decoração e ficou admirando as belíssimas e organizadas residências ali retratadas? Já pensou, mesmo que por um instante apenas, como seria maravilhoso se sua cozinha tivesse um balcão tão arrumado como aquele? Ou o quarto do seu filho tivesse sempre os brinquedos ordenados em uma estante? Vou contar algo que, no fundo, você já sabe, pois não é novidade: essas fotos só são possíveis porque ninguém mora naquelas casas. A equipe de produtores das revistas montou o cenário ideal e o fotografou. Mesmo as casas de pessoas reais, quando fotografadas, sofrem um processo de arrumação e limpeza considerável para estarem "prontas" para ser fotografadas. Logo, aquilo que você vê nas revistas serve para inspirar, é lindo, mas não é real.

14 Casa organizada

É mais ou menos como quando a gente vê a foto de uma modelo na capa de uma revista sobre boa forma e acha que aquele é o corpo ideal – fica buscando maneiras de chegar àquele estado, fazendo dietas e acreditando em um mundo sem edição de imagens e ilusões. O fato de cada um ter um corpo, um estado de saúde, um metabolismo não importa – o foco é chegar à modelo da revista. Isso não significa que você não possa ter um modelo para se inspirar, mas precisa diferenciar o que é ideal do que é real.

Com a nossa casa é a mesma coisa. Cada família tem necessidades de espaço e de organização diferentes, assim como rotinas e usos de cada cômodo que se distinguem entre si. Uma pessoa que mora sozinha e passa o dia inteiro fora tem uma casa organizada de forma diversa da família com cinco pessoas e uma rotina que envolve alimentar filhos pequenos e lavar uniformes.

Lembre-se também de que organização é diferente de arrumação. Organizar é encontrar soluções – arrumar é apenas colocar no lugar. Se você apenas arrumar a sua casa, vai perceber que muitos objetos parecem não ter lugar e a bagunça ficará, no máximo, disfarçada, dentro de caixas, gavetas e armários. Quer arrumar a casa? É muito fácil: compre uma caixa bem grande e jogue todas as tralhas dentro dela. Em seguida, coloque na parte de cima do armário. Casa organizada? Que nada! Você apenas escondeu a bagunça – o que pode ser útil em situações emergenciais, mas não é a solução que fará com que sua casa tenha um espaço legal, sem tralha, apenas com objetos úteis ou que você ame. Neste livro, você verá que, para organizar, é preciso percorrer cinco passos preciosos, em que arrumar é apenas um deles.

Organizar a casa tem a ver com a funcionalidade dela. É você precisar da chave e encontrá-la em menos de 10 segundos.

A casa como nosso santuário 15

É buscar um documento e não precisar revirar suas pastas para encontrá-lo. É, acima de tudo, proporcionar conforto e tranquilidade para você e sua família no dia a dia. Ninguém quer entrar em casa e se sentir mal com a bagunça. A casa é um lugar onde nos abrigamos e convivemos com as pessoas que amamos, construindo um lar. Se a tratarmos como um templo sagrado, ficará mais fácil organizá-la e ter mais tranquilidade.

Aqui, vamos entender como a organização vai além de colocar coisas dentro de caixinhas. Nunca o conceito "pense fora da caixa" soou tão real!

Vem comigo!

Os cinco passos da organização

Eu acredito que o processo de organização da vida como um todo siga cinco passos para acontecer. Esses cinco passos caracterizam o método Vida Organizada (para organizar qualquer coisa, inclusive a nossa casa e a vida doméstica).

1 Destralhar

2 Organizar

3 Arrumar

4 Manter

5 Curtir

Destralhar – Significa tirar do seu espaço tudo aquilo que não serve mais, que você não usa, sua família não usa e de que você não gosta. Para falar a verdade, você nem sabe exatamente por que aquilo ainda está na sua vida. Isso vale não apenas para o espaço físico, mas também para sentimentos, relacionamentos e decisões. Não é possível organizar tralha. Logo, para organizar é preciso destralhar!

Organizar – É quando buscamos soluções para as necessidades específicas que temos. Não se trata de inserir miudezas dentro de caixas, mas de garantir que tudo o que você guardou (que não é tralha) tem seu lugar certo e é funcional.

Arrumar – Ao encontrar soluções, basta guardar cada coisa em seu lugar. Isso serve para objetos em casa e compromissos na vida. Serve para tudo o que temos de cuidar! Não é possível arrumar algo sem ter organizado antes, senão corremos o risco de nos sentir sobrecarregados e não sabermos o porquê.

Manter – Depois de colocar as coisas em seus devidos lugares, é fundamental manter essa arrumação, a qual é mantida não apenas colocando as coisas de volta em seus lugares ao utilizá-las ou limpando a louça depois de se alimentar, mas também percebendo que, se algo está quebrado, precisa ser consertado; se algo se perdeu, precisa ser substituído.

Curtir – De nada adianta esforçar-se tanto para organizar a vida, se você não pode curti-la! Isso vale especialmente para sua casa, porque é onde você vive e convive com as pessoas que ama. Se sua casa estiver um caos, isso vai se refletir em você. A casa não deve fazer com que você seja um escravo dela, associando-a ao caos e às rotinas cansativas de limpeza. Aprenda a curtir sua casa ao longo de todo o processo!

Não pense que cuidar da casa "dá trabalho"

Um dos meus livros preferidos é o da apresentadora norte-americana Martha Stewart, *The Martha Rules*, no qual ela

A casa como nosso santuário

fala sobre encontrar algo que amamos e transformá-lo no grande negócio de nossa vida.

Fiquei com vontade de escrever aqui sobre uma questão comentada por ela, que trata do que dá ou não dá trabalho. Um dia, alguém perguntou a ela se não fica cansada de trabalhar no jardim ou algo assim (não me lembro do diálogo exato). Então, ela respondeu que nunca *trabalha* no jardim. Aquilo não é um trabalho para ela, mas um hobby, uma coisa que ama fazer. E aí ela começa a dizer que precisamos encontrar um trabalho que nos deixe com esse mesmo sentimento.

Eu considero "trabalho" tudo aquilo que fazemos em busca de um resultado desejado.

Com frequência, vejo leitores e pessoas em geral dizerem que não fazem determinada coisa porque "dá trabalho". Contudo, nesse sentido, minha visão é bem parecida com a da Martha.

Acredito que a vida seja muito curta para perdermos tempo com o que não amamos, e isso inclui pessoas, coisas, projetos, tudo. Infelizmente, não dá para ser assim o tempo todo e precisamos de algumas coisinhas chatas na vida, porque é desse jeito que o mundo funciona. No entanto, também sou a favor do poder de mudança que todos nós temos. E, o que pudermos evitar ou escolher, devemos fazê-lo.

Se estou interessada em um assunto, eu pesquiso sobre ele até não querer mais. Se estou escrevendo, por exemplo, posso ficar cansada, mas nunca frustrada, pois é algo que eu amo fazer. Demorei tanto tempo para ter o nosso primeiro imóvel juntos (nosso cantinho, mesmo que alugado), que não considero trabalhoso cuidar dele. É algo que curto demais fazer. Vejo minha casa como um lugar sagrado, que representa tudo o que somos (nossa família), e que é um ambiente funcional para nosso dia a dia. Nosso primeiro apartamento tinha proporções medianas (67 metros quadrados), o que é pouco para alguns e enorme para outros. Eu o considerava enorme! Não conseguia me imaginar morando em um lugar maior, especialmente porque nós não precisamos. Sempre imaginamos quão maravilhoso seria se morássemos em um lugar maior e com quintal, varanda *gourmet* ou o que quer que seja, e isso é bom, pois nos impulsiona em direção aos nossos sonhos. Entretanto, não podemos ficar frustrados só porque, por enquanto, isso não faz parte da nossa realidade. Devemos ir atrás do que queremos, sim, mas devemos, durante esse processo, amar quem somos e como é a nossa casa hoje.

O que eu quero dizer é que essa rotina diária de manutenção da casa é uma curtição enorme para mim. Buscar soluções cada vez melhores para organizar o que quer que seja é o meu grande hobby, assim como escrever. E você pode pensar: "Ah, Thais, você trabalha com organização, então é fácil falar!". Vou me lembrar disso da próxima vez que estiver limpando a calha do telhado ou atrás do vaso sanitário (duas coisas que não considero assim tão agradáveis, mas faço numa boa). Trabalho com organização, gosto do assunto, mas não significa que eu seja perfeita. Longe disso! Eu não preciso ser, nem você. Não estamos buscando perfeição em nenhum aspecto da nossa vida, muito menos quando se trata dos cuidados com a casa.

Portanto, você pode muitas vezes ficar desanimado(a) para limpar a casa ou para cuidar da sua família, porque "dá trabalho". Talvez não seja de motivação e força de vontade que você esteja precisando, mas de uma mudança de perspectiva. Pergunte-se a razão de não amar sua casa. Será que é por ter muita tralha? Você acha que tem pouco espaço? Oras, precisamos do mínimo. Se há pessoas que vivem em um cubículo de 10 metros quadrados, ou até menos, qualquer ser humano pode. Não estou dizendo que *deve*. Devemos pensar num fato incontestável: quando morrermos, não levaremos nada. Vale a pena ter a casa entulhada de coisas e viver frustrado(a) para o resto da vida?

Se for o seu caso, destralhe sua casa. Abrir espaço propicia um leque de possibilidades. Você passará a gostar mais da sua casa porque terá nela somente o que de fato ama ou é útil, sem olhar para aquela pilha de revistas em um canto e falar "ai!".

O mesmo vale para limpar e cozinhar. Quais suas motivações? Em casa, precisamos cozinhar por causa do nosso filho. E ele precisa comer direitinho todos os dias. Da mesma forma, eu também quero comer alimentos frescos diariamente. Quando vejo algumas pessoas falarem que cozinhar todos os dias dá trabalho, eu não consigo entender o conceito, porque gosto de cozinhar. Não vejo como trabalho, parafraseando Martha Stewart. Eu penso que cozinhar é um barato e que estou fazendo o melhor por mim e pelo meu filho. Também não vejo como trabalho limpar e desinfetar o vaso sanitário, mas como uma tarefa normal que preciso fazer para manter minha família saudável.

Já tive uma rotina terrível, que se resumia a sair de casa antes das 6 horas (para trabalhar) e a chegar depois da meia-noite (da faculdade), todos os dias. Eu ficava extremamente cansada e meu objetivo principal era dormir. Como era temporário, não me desesperei – apenas fiz o melhor possível. E os fins de semana eram os dias de limpar a casa (sábado) e preparar e congelar comidas para a semana (domingo). Até dava tempo para passear e estudar, mas nosso filho ainda não tinha nascido. Se eu já o tivesse, teria conseguido fazer essas coisas do mesmo jeito, pois ele está inserido na rotina aqui de casa. Quando ele era pequeno e precisávamos fazer algo que demandasse dedicação maior ou que fosse perigoso para ele, fazíamos quando ele estava dormindo. Quando ele ia dormir por volta das 21 horas, eu conseguia limpar a casa numa boa. E ainda dava tempo de tomar banho, assistir à TV e ir para a cama antes da meia-noite.

No mais, o conceito de "dá trabalho" significa uma série de outras coisas. Organizar dá trabalho? Para quem não vê benefícios em se organizar, pode parecer que sim. Para mim, porém, o que realmente dá trabalho é ter uma vida bagunçada e nunca conseguir cumprir nada nem alcançar nenhum objetivo simplesmente por falta de planejamento e metas. Para qualquer coisa na vida, se você acha que "dá trabalho", pergunte-se primeiro qual sua motivação para fazer aquilo. Se não for suficiente, não vale a pena. Se for, não encare como trabalho, mas como parte da sua vida, como algo que você tem de assumir a responsabilidade e fazer para que você e todos ao seu redor possam ficar bem. Às vezes, uma simples mudança de perspectiva gera a força de vontade que achávamos que não tínhamos mais.

Benefícios de organizar a casa

Os principais benefícios de ter uma casa organizada são:

1 Você se estressa menos, porque todos os seus objetos estão nos lugares certos. Você não perde tempo procurando coisas porque sabe onde elas estão.

2 O espaço da sua casa é aproveitado da melhor maneira possível! Você nunca vai olhar para um canto cheio de tralha e se sentir mal por não fazer nada a respeito.

A casa como nosso santuário

3 Sua rotina fica mais tranquila, porque você precisa de menos tempo para manter a casa organizada. Você não fica estressado(a) só de pensar que precisa organizar isso e aquilo. A vida está em ordem, basta continuar administrando-a.

4 Você fica com a sensação de que só tem em casa aquilo que usa ou ama. Você imprime seu estilo pessoal no seu lar.

5 Você nunca mais comprará um objeto que tinha em casa, mas não sabia onde estava. Ou seja, economizará dinheiro.

6 Além disso, também aproveitará melhor as coisas que já tem, incluindo comida, pois ficará de olho na validade.

7 Você não comprará o que não precisa, pois conhece o espaço que tem e suas necessidades.

8 Suas coisas vão durar mais tempo, pois você consegue ter uma rotina de cuidados que não envolve "comprar novo" se algo apresentar defeito ou estragar por ter sido mal armazenado.

9 Você é feliz com a casa em que mora, sem a vontade constante de mudar para um lugar maior "porque tem bastante coisa". Você tem o suficiente.

10 Você faz doações regulares a instituições de caridade, ajudando quem precisa enquanto libera a casa de objetos sem uso.

11 Você consegue dar atenção aos seus filhos, namorado, esposa, amigos, família, porque consegue administrar seu tempo.

12 Você acorda de manhã e vê a sua pia limpa. Você chega à noite e a sua cama está arrumada.

13 Sua mente está tranquila.

14 Você consegue descansar.

15 Você consegue cuidar da sua saúde e da saúde de sua família, incluindo a alimentação.

16 Você se previne e não é pego(a) de surpresa nas diversas situações do dia a dia.

17 Você tem mais tempo para fazer o que realmente ama.

Você consegue se lembrar de mais algum benefício de ter uma casa organizada? Escreva-o a seguir.

_____

_____

_____

_____

_____

_____

_____

Cuidar da casa no século XXI é um pouco diferente!

Lembra-se de como era sua casa quando você era criança? E da casa da sua avó? Você vê alguma diferença daquela época para hoje, na sua própria casa? Mesmo que ainda more com outras pessoas ou com seus pais, você certamente deve ter reparado que as coisas estão um pouco diferentes.

A casa como nosso santuário 23

Para começar, houve uma migração significativa para apartamentos nas grandes cidades. Os imóveis estão cada vez menores. Vemos famílias de quatro a cinco pessoas (ou mais!) vivendo em um imóvel com menos de 60 metros quadrados. Não que seja novidade; muitas famílias ainda vivem assim – em lugares até menores e em condições piores. Entretanto, não era uma tendência vinte anos atrás.

Eu morei em uma casa grande, com piso de tijolos portugueses, daqueles alaranjados, brincando com uma cachorra e com toda a liberdade para correr e circular. Hoje, apesar de morar em uma casa novamente, ela é muito menor do que aquela em que passei a minha infância. Antes disso, passei por outros três apartamentos, todos bastante pequenos do meu ponto de vista.

Não que morar em um lugar pequeno seja ruim. Não é! Há uma série de vantagens, como nos obrigar a ter menos coisas. Considero isso uma tendência a ser observada. Morar em um imóvel menor traz mudanças consideráveis no estilo de vida das famílias, o que afeta seu dia a dia, suas rotinas de limpeza e arrumação e até seu grau de consumo.

Além do quesito espaço, temos vivenciado grandes mudanças na estrutura das famílias que vivem nas casas e na maneira como essas pessoas organizam toda a logística.

Por exemplo, em qual das situações a seguir você se encaixa?

- Mora sozinho(a).
- Casal, mas um fica em casa.
- Casal, ambos trabalham.
- Casal com filhos.
- Casal com recém-nascido.

- Mãe solteira.
- Pai solteiro.
- Família em que todos moram juntos.
- Pessoa com necessidades especiais.

Talvez em mais de uma. Talvez em nenhuma. Esse é o nosso mundo atual. E o que precisamos entender é que quem vive na casa impacta diretamente as escolhas que envolvem decoração, organização e logística. Como poderíamos pensar em organizar a casa sem levar em conta essa característica tão fundamental?

Liste abaixo quem mora com você:

O que mudou no mundo afeta o seu mundo

"Ninguém ajuda ninguém nas tarefas de casa.
Quem mora na casa deve ajudar. É trabalho em equipe."
Thais Godinho

Outro dia estava ouvindo rádio e sintonizei em uma estação cujo locutor comentava sobre dicas de gestão do tempo para mulheres. Ouvi quais seriam as tais dicas e, em menos de dez segundos, as tradicionais pérolas sobre mulheres e tempo surgiram, como: "Éééé, não é fácil para as mulheres se organizarem com tantos afazeres, trabalho no trabalho, trabalho em casa, cuidar do maridão" ou "As mulheres têm essa jornada dupla, até tripla de trabalho, têm de se organizar" etc.

Então me deu um estalo sobre esse tipo de conceito que vem sendo reforçado já há algum tempo. Será que a revolução feminista serve somente para a mulher ter o direito de escolher trabalhar? Ou será que vai muito além? A revolução feminista é, na verdade, uma revolução de gêneros. Porque, afinal, a mulher não merece fazer jornada dupla, minha gente! Ninguém merece. A mulher começou a trabalhar fora de casa, mas quando chega, precisa cuidar de tudo, enquanto o homem continua apenas trabalhando fora e, quando chega em casa, ainda tem a mulher "para cuidar dele"?

Por isso, hoje, eu, Thais, proponho que a gente comece uma campanha contra esse estereótipo da mulher multitarefa que acumula jornadas e muitas atividades. E não sou só eu que faço isso. Homens e mulheres têm vida com as mesmas atividades. Uma executiva que tem um filho implica que existe também um pai desse filho. Ele não trabalha? Ele não precisa de seis meses de licença-paternidade? Ele não pode se ausentar para levar o filho ao médico? Ou ir à reunião de pais?

Toda vez que eu escuto alguém falar que as mulheres levam vantagem no mercado de trabalho, "porque sabem fazer muitas coisas ao mesmo tempo", eu considero isso um pensamento muito perigoso. Todo ser humano, independentemente do gênero, pode ser capaz de "se virar nos trinta" e fazer muitas coisas ao mesmo tempo, porque a nossa vida, hoje, em pleno século XXI, tende a ser maluca por si só e cheia de informação. Não só as mulheres. Atribuir essa qualidade a uma mulher é o mesmo que dizer "continua se virando por aí que eu continuo descansando por aqui".

No final das contas, o discurso feminista sempre bate no mesmo ponto: direito de igualdade. Somente isso. Pois não é só a mulher que tem jornada dupla ou tripla. O homem também trabalha fora, habita casas e tem filhos.

Fico contente de estar vivendo em uma época em que há tantas pessoas engajadas nesse movimento e acompanhando a mudança de diversas coisas. Entretanto, ainda falta muito. Depende de todos nós, mães e pais de meninos e meninas, ou simplesmente cidadãos do mundo. Exerçamos em nossa casa, em nosso trabalho, o direito de ser seres humanos iguais.

Por isso, eu proponho:

- Pare de dizer que mulher é eficiente porque sabe fazer muitas coisas ao mesmo tempo.
- Pare de reforçar o pensamento de que mulher tem duas ou três jornadas de trabalho.
- Pare de dizer que menino não pode brincar de boneca ou de comidinha ou de casinha.
- Pare de colocar as meninas da família para lavar louça enquanto os meninos assistem à TV.

A casa como nosso santuário

- Pare de dizer que é papel da mulher cuidar do marido.
- Pare de dizer que lugar de mulher é na cozinha ou no tanque.
- Pare de julgar uma mãe que trabalha fora.
- Pare de julgar uma mulher que contrata uma faxineira.
- Pare de reforçar a ideia de que "homem não sabe fazer nada" e que para ser bem-feito só fazendo você mesma.

Nosso mundo está mudando, e é papel fundamental de um livro sobre organização da casa abordar esses pontos, porque eles refletem diretamente o assunto de que estamos tratando aqui.

Vamos falar também sobre nossas expectativas sobre uma casa organizada

Recebo muitos comentários do tipo "não sei como você consegue" relacionados aos cuidados com a casa e ao gerenciamento de todo o resto das minhas atividades no dia a dia. Tenho uma agenda cheia, trabalho com eventos e treinamentos diversos, viajo bastante e ainda usufruo de uma vida pessoal cheia de interesses e projetos. Já tentei diversas vezes descrever no blog como nós fazemos em casa, mas essa pergunta sempre surge. Então, eu me dei conta de que talvez esteja faltando um detalhe importante no processo todo ao tentar explicar o que acontece: minhas expectativas não são altas. Além de todo o trabalho em equipe que temos em casa, eu aprendi a não me cobrar tanto.

Pergunte a uma pessoa que limpa a casa qual a melhor sensação de todas, e ela responderá que é a de sentar no sofá com aquele sentimento de dever cumprido depois de uma faxina, pois a casa inteira está limpinha e cheirando a lavanda.

Eu também adoro essa sensação! Entretanto, você já parou para pensar que, em uma casa com muito uso de todos os cômodos, muitas pessoas morando e circulando, fazer isso é uma trabalheira danada? Quer dizer, se quisermos ter a casa limpa e brilhando todos os dias, das duas uma: 1) ou contratamos uma pessoa (ou uma equipe inteira) para fazer isso por nós ou 2) largamos o emprego e fazemos só isso, e com as crianças na escolinha, é claro, porque elas desfazem tudo o que você faz.

Se você pode pagar profissionais domésticos para limpar sua casa, excelente! Então, você não deve ter problemas com a rotina de limpeza em casa, pois não precisa fazer mais do que lavar a louça (e, em alguns casos, nem isso). Contudo, se você não pode pagar alguém nem largar o emprego, precisamos bater um papinho sobre expectativas mais realistas.

Em primeiro lugar, devemos pensar que a casa deve nos servir, e não o contrário. A casa é nosso abrigo – aonde chegamos, depois de um dia cansativo, e queremos ter um lugar aconchegante para preparar nossa refeição, descansar e nos relacionar com as pessoas que moram conosco, entre outras atividades domésticas. Se você vive em função da sua casa, ficando exausto(a) diariamente e com uma sensação de culpa tremenda porque não conseguiu fazer tudo o que queria, pode ser que esteja mirando alto demais, lembrando de como as coisas eram na sua infância ou pensando na casa impecável da sua avó.

Vou contar uma novidade para você: não dá para ter uma casa brilhante, limpa e cheirosa, impecável, no dia a dia, se você não estiver em nenhuma das duas situações que eu citei. Por favor, esse é o momento do livro em que você se liberta; portanto, tire essa cobrança da sua cabeça e esse peso gigantesco das suas costas. O "fantasma da neura" não virá assombrá-la como naquela propaganda horrorosa que só faz

A casa como nosso santuário

com que as brasileiras se sintam péssimas por ter uma vida fora de casa e outras atividades "além-lar".

Vocês acham que a minha casa está impecavelmente limpa neste exato momento? É claro que não. Para ajudar em todo o processo, eu tenho minhas listinhas de tudo o que preciso fazer diariamente, semanalmente etc. (as quais você vai conhecer daqui a pouco, nos capítulos seguintes). Se eu não conseguir fazer todas as tarefas da minha lista, vou chorar? Ficar chateada? Vou me sentir menos "dona de casa"? Sentir que sou um desapontamento para mim mesma? É claro que não, meus amigos. Eis a realidade. Há dias em que eu chego em casa tarde, porque tive um evento que se estendeu e depois ainda precisei ir ao supermercado. Não dá para fazer em um dia desses o que eu faria em um dia livre; mas aí eu vou compensando nos dias seguintes. Essa *permissão* que só você pode se dar é necessária.

A grande questão é: não posso me sentir culpada se não consegui lavar a louça antes de dormir! É o melhor a ser feito? Sim. É altamente recomendável? Sim. É muito mais difícil lavar no dia seguinte? Sim. Eu deveria ter lavado aos pouquinhos em vez de deixar acumular? Sim. No entanto, a realidade nos prega peças, nosso dia a dia traz imprevistos e muitas vezes não conseguimos fazer o que é ideal, recomendável, melhor ou, até satisfatório. E isso não é problema nenhum, desde que você não faça da exceção uma regra e deixe sua casa sair dos eixos e ficar inabitável. Acredite em mim: se você está lendo este livro e quer tornar sua casa um lugar melhor, ela nunca chegará a esse ponto. Portanto, procure ficar mais tranquilo(a).

E aqui já vou tocar um pouco em um ponto muito pessoal, que é o seguinte: eu não sou fanática por limpeza. Já fui, mas não sou mais – provavelmente, desde que meu filho nasceu. Porque ali eu percebi que seria impossível ter uma casa perfeita. Passei a me incomodar MUITO menos com a poeirinha na estante ou no rack da TV, por exemplo, e a limpar apenas quando realmente há sujeira. Aliás, por que temos essa mania de limpar o que não está sujo? Hábito, simplesmente. O brasileiro tem o hábito de limpar só porque está na rotina – porque sábado é dia de faxina. E, muitas vezes, nem precisa fazer todo aquele roteiro básico executado quando chega o dia da limpeza.

Você já parou para pensar que, se fica todo sábado fazendo faxina, significa que você passa quase dois meses por ano limpando a casa? Isso sem levar em conta a limpeza e a arrumação de todos os dias.

Como verá em capítulos posteriores, uma grande ferramenta aliada para manter os cuidados com a casa são minhas checklists. Eu as tenho para frequências variadas, como diária, semanal, mensal, e por aí vai. E já cansei de transferir uma tarefa da lista semanal para a lista mensal ou da lista diária para a semanal. Faz parte. Se eu não consigo passar aspirador todos os dias, vou passar a cada dois ou mesmo uma vez por semana. Não é isso que vai manter minha família alimentada, por exemplo, ou as contas pagas. Existem tarefas que são muito mais importantes e que precisam ser feitas. Eu não posso deixar de cozinhar, por exemplo, nem de organizar minhas contas, porque senão tudo entra em colapso. Também não posso deixar de lavar a louça ou a roupa. Há coisas que simplesmente precisamos fazer. E, quando eu digo que suas listas de limpeza, especialmente as diárias, devem conter o essencial, é justamente porque *ninguém merece se tornar escravo(a) da casa e passar o tempo todo limpando*. A ideia é fazer o mínimo possível e otimizar o processo, para que você consiga se dedicar a outras atividades mais importantes, nem que sejam simplesmente descansar e ler um livro. Minha lista diária tem

A casa como nosso santuário 31

menos de dez tarefas, das quais a maioria já foi feita pelo meu marido antes de eu chegar. E são todas tarefas muito simples. Eu fico mais com a parte "gerencial", como separar a roupa que vamos lavar amanhã, definir o menu semanal, a lista de compras (eu adoro cuidar disso!), separar as contas (eu também gosto de gerenciar os pagamentos), organizar a mochila da escola do filhote. E o que ele faz é o básico, do dia a dia mesmo, que mantém a casa em ordem. Meu marido faz o mínimo. Eu também. A diferença é que, os dois fazendo juntos, já é bastante coisa.

Milagres acontecem quando todo mundo faz o mínimo

Por isso eu friso a importância de *trabalhar em equipe*. Muitas leitoras me dizem que seus maridos não ajudam em casa. Meninas, para começar, "ajudar" é o termo errado. "Ajudar" significa que o papel de limpar é seu, e ele só está dando uma mãozinha, quando puder e quiser. Não, não. Quem mora na casa deve trabalhar em equipe, e é assim que as coisas devem ser. Ainda bem que nossa realidade está mudando. Entendo que existe muito homem cabeça-dura por aí, mas a maioria já faz até mais coisas que a mulher em casa. Isso porque a mulher está trabalhando, fazendo cursos, tendo uma vida também. Que beleza! Basicamente, tendo enfim os direitos que os homens sempre tiveram. Então, é óbvio que a carga da mulher deve ser dividida com os bonitões. Isso não é ajuda. É obrigação.

Todavia, nós não vamos colocar só os maridos na fogueira: todo mundo deve ajudar! Eu sei que filhos adolescentes podem oferecer certa resistência, mas não podemos desistir. Para mães e pais de adolescentes, eu recomendo: não dar mole, ensinar independência, não fazer tudo o que pedem. E, para mães e pais de crianças menores, recomendo o envolvimento delas desde cedo nas tarefas de casa. Não se preocupe, querido(a) leitor(a), pois vou trazer dicas para você fazer isso ao longo do livro. Não é para colocar a criança de 3 anos para trabalhar, longe disso! Mas deixá-la com os pais enquanto eles executam uma tarefa, explicar o que estão fazendo, mostrar como esfregar aqui e ali, pedir à criança que entregue as peças de roupa para pendurar no varal... essas pequenas coisas. Envolver os filhos desde o início ajuda, pois eles percebem que fazem parte de tudo aquilo – não são meros expectadores. Não existe técnica para resolver definitivamente essa questão, mas podemos tentar diminuir o número de "traz o refri, mãe/pai!" que você vai ouvir daqui a alguns anos.

Em resumo, o que eu realmente gostaria de dizer neste tópico é que precisamos ser mais realistas com relação às atividades de manutenção da casa, em especial no que diz respeito à limpeza. Todo mundo adora uma casa limpinha e cheirosa o tempo todo. Eu também adoro! Existem algumas maneiras de reduzir a quantidade de coisas a limpar e de atividades a fazer, mas, no geral, a realidade está longe daquele cenário perfeito que imaginamos, em função das condições que vivemos em nossa época, ocupados como estamos. Não devemos ter as expectativas dos anos 1960 no século XXI. Estamos em um período de transição de comportamentos domésticos, o que é excelente! Não há regras, assim como não sabemos o que o futuro nos reserva. A tecnologia está aí para nos ajudar, trazendo cada vez mais eletrodomésticos que, daqui a pouco, farão quase tudo. Entretanto, nesse ínterim, precisamos nos lembrar de que, da mesma maneira que não ficamos o dia inteiro cuidando da casa, deixando-a impecável, não podemos achar que teremos aquele mesmo resultado. Não dá.

É claro que você pode gastar seu sábado inteiro limpando a casa e fazendo uma faxina completa, mesmo sabendo que, no domingo, alguém pode fritar um bife na cozinha e dizer "adeus!" para o cheiro de limpeza. Daí, eu me pergunto? Vale a pena todo esse trabalho para ter a casa impecável durante apenas algumas horas? Ou é melhor fazer aos poucos as tarefas durante a semana e manter a casa em um nível "simplesmente ok", mas o tempo todo?

Sei que a proposta é polêmica e muitas pessoas não concordarão comigo. Só sei que pensar dessa forma me tornou uma pessoa muito mais livre e descansada no dia a dia, possibilitando-me dedicação a outras tarefas que estavam de lado justamente porque eu achava que "não tinha tempo". Eu queria poder passar mais tempo com minha família, estudar, ver um filme – tudo isso sem culpa. Talvez essa mudança de expectativas possa ajudar você também.

Principais problemas identificados no dia a dia para cuidados com a casa

O principal desafio da maioria das pessoas com relação aos cuidados com a casa é que parece faltar tempo para tanta coisa a fazer. Você limpa o banheiro hoje e, pouco tempo depois, ele já precisa ser limpo de novo – e você ainda nem limpou os quartos na mesma rodada!

Outro desafio é a questão do espaço. Aparentemente, todo mundo sofre com isso hoje. Eu costumo dizer que não é que exista pouco espaço, mas coisas demais. Isso vale para qualquer pessoa – morando em uma quitinete ou em uma mansão com sete quartos. Se você não consegue restringir a quantidade de objetos pelo limite de espaço, o problema não é o espaço, mas sua falta de limites. A maneira como você organiza 45 metros quadrados é a maneira como você organizaria 450.

Mas como posso saber se tenho coisas demais?

Analise os seguintes pontos para identificar se você precisa liberar espaço em sua casa:

TER COISAS QUE VOCÊ GOSTA, MAS NÃO USA.

Você pode achar o máximo ter uma TV de LED de 50 polegadas. Contudo, se não tem tempo sequer para zapear pelos canais e curtir sua aquisição, ela vira tralha sem que você perceba. Aquela câmera fotográfica que você sempre quis – se você comprou e não usa, ela está bagunçando e ocupando espaço. Se você ama pintar e tem um kit completo em casa, mas não o usa – é bagunça. A proposta não é se desfazer dessas coisas, mas aproveitá-las de maneira melhor. Ou, quem sabe, chegar à conclusão de que de fato não precisa delas.

GUARDAR COISAS QUE VOCÊ NÃO USA PORQUE ACHA QUE VAI USAR ALGUM DIA.

Essa é clássica! "Tenho esse lindo jogo de pratos ingleses que era da minha avó, mas tenho dó de usar, guardo só para situações especiais"; "Esse vestido custou muito caro, vou usar somente se a rainha da Inglaterra vier aqui em casa"; "Comprei esse sapato, mas tenho dó de usar, estragar e acabar". Você se identificou com alguma dessas frases? Por favor, aproveite sua vida. Use as coisas que você tem. Do contrário, elas são tralhas.

TER COISAS QUE NÃO TÊM UM LUGAR ESPECÍFICO PARA SEREM GUARDADAS.

Se alguma coisa na sua casa ou no seu escritório fica fora do lugar porque você não sabe onde vai guardar, o problema não é falta de espaço, mas ter coisas demais. Por isso, analise e priorize. Esse objeto é importante? Se sim, onde deveria ficar guardado? Há outra coisa no lugar dele? Se sim, o que é mais importante? Você vai ter de priorizar para organizar do jeito mais eficaz. Se não tiver lugar para guardar, questione a posse do objeto. Não dá para a gente ter em casa todos os objetos do mundo!

JUNTAR OBJETOS DIFERENTES EM UM MESMO LUGAR.

Sabe aquela gaveta que tem caneta, trena, durex, recadinho da oitava série, conta paga e uma sorte de outros objetos? Isso é bagunça. Não porque o que está ali não é importante – pode até ser – mas porque não está categorizado. Você deixou tudo junto, sem coerência. Agrupe objetos semelhantes. Ter uma caixa cheia de papéis colocados de qualquer jeito, mas saber que todos aqueles papéis são contas pagas, já é mais organizado do que ter uma pastinha etiquetada cheia de coisas aleatórias e sem conexão entre si.

TER COISAS DEMAIS EM ESPAÇOS PEQUENOS.

Pense em termos de proporção! Os lugares precisam de espaços "em branco"; pequenos respiros no ambiente para que você não se sinta sufocado(a) dentro da própria casa ou do seu local de trabalho. Se você tem uma parede pequena, não coloque um quadro gigantesco. Os espaços não precisam ser preenchidos por completo. Se seu apartamento é arejado, mas seu home-office tem coisas demais, gera-se um desequilíbrio que você nem vai sentir, mas seu cérebro vai. E aí, no dia a dia, isso causa estresse. Diminua a quantidade de coisas de acordo com o tamanho de cada ambiente.

DEIXAR COISAS INACABADAS.

Ah, aquele quadro que você começou a pintar há sete anos e está ali no canto da garagem esperando uma inspiração para terminá-lo... Ou aquele piso que restou da obra, mas você guarda porque "vai que"... Ou caixas que ficaram da mudança porque você ainda não teve tempo de arrumar. Sim, algumas coisas são temporárias. O diferente é quando você tem controle sobre isso e está tomando providências. Se está ali no canto porque foi a saída mais fácil e você não quer pensar a respeito, é bagunça. Não adie decisões.

DEIXAR COISAS QUEBRADAS SEM CONSERTO.

Da mesma maneira, lâmpadas queimadas, eletrodomésticos que não funcionam, calças que precisam ter a barra feita e sapatos com a sola solta precisam ser consertados. Do contrário, são bagunça. Tome providências!

DEIXAR AS COISAS SUJAS.

Uma coisa é passar o dia inteiro limpando a casa desnecessariamente. Outra completamente diferente é deixar a pia cheia de louça durante três dias. A sujeira, quando acumulada, além de ser perigosa (causa doenças!), fica muito mais difícil de ser retirada. Ninguém quer (nem tem tempo para) ficar limpando a casa todos os dias, mas uma manutenção mínima deve ser feita. Estabeleça rotinas para facilitar, mas pegue leve com elas. Não estabeleça que deve limpar seu banheiro todos

A casa como nosso santuário

os dias, se você só consegue fazê-lo uma vez por semana. Feito é melhor que perfeito.

O conceito de bagunça tem mais a ver com negligência que com a arrumação em si. Portanto, utilize os parâmetros anteriores para identificar focos de bagunça na sua vida e elimine-os. Viver sem bagunça é apenas melhor, e a bagunça mental é altamente influenciada pelo espaço físico em que você vive. No próximo capítulo, vamos começar a ver o passo a passo para destralhar sua casa.

A importância de ter uma casa organizada

A organização tem tudo a ver com a coerência dos nossos atos, de não fazer escolhas erradas ou de investir tempo naquilo que não é importante. Eu sou o exemplo vivo de como a organização pode proporcionar não só uma rotina tranquila em casa e no trabalho, como nos permitir viver a vida em níveis mais elevados, de acordo com nossos valores e propósito pessoal. Tudo o que a gente colhe é resultado de um esforço que cultivamos ao longo do tempo. Entretanto, por onde começar? A organização é o caminho.

Meu conceito de organização não é igual ao que é considerado por muita gente. E não estou dizendo aqui que estou certa e os outros errados, de modo nenhum. É que, no geral, as pessoas associam o assunto "organização" ao assunto "casa e vida doméstica" e, para mim, organização é muito mais que isso. Organização tem a ver com levar uma vida coerente com seus valores. Eu acredito que organizar o ambiente físico é o básico. Não adianta ter uma gaveta com colmeias organizadoras e chorar na frente do espelho todos os dias porque não consegue tirar seus sonhos do papel. A organização tem muito mais a ver com coerência e funcionalidade do que com estética. Eu sonho com o dia em que as pessoas estarão satisfeitas com a coerência de toda a sua vida, o que vai refletir não apenas em sua casa, mas em sua saúde, suas finanças, enfim, em todas as áreas. Alguns leitores que acompanham o blog há mais tempo entendem e já estão aplicando esse conceito, o que me deixa feliz.

Capítulo 2

Destralhar é o primeiro passo

Existe um conceito bastante difundido nos dias atuais chamado minimalismo. O que significa ser minimalista? Ser minimalista não significa ter uma casa vazia de objetos, significados e sentimentos. Significa ter em sua vida aquilo que é essencial e importante para você. Não ter, em casa, nenhum objeto que não tenha necessidade ou de que você não goste. Não precisa "amar" seus objetos – mas eles não podem ser motivo de tristeza, estresse ou frustração. Quando eu falo sobre enxergar a casa como um território sagrado, os objetos que você decide manter dentro dela tem uma influência muito grande nesse processo. Se você mantiver em casa aquilo de que não gosta ou que não usa, isso gera uma frustração inconsciente que pode afetar a maneira como você vê seu lar.

Confesso que já tive vontade de ser bastante minimalista, com a menor quantidade possível de objetos, mas eu não preciso. Gosto dos meus objetos. Não tenho apego material, mas gosto do que é útil e me ajuda no dia a dia, nem que seja simplesmente colocando um sorriso no meu rosto. E acho que todo mundo tem certa categoria de coisas de que gosta muito e que acaba acumulando. Eu sou assim com livros, por exemplo. Muitas pessoas criticam o fato de eu ter tantos livros porque "uma vez lidos, você pode doar". No entanto, eu não entendo o conceito. Costumo sim doar muitos livros que acredito que não vou mais usar, mas a imensa maioria do que adquiro vira material de consulta para referência futura. Quando penso que determinado livro não me servirá para essa finalidade, compro em formato e-book. Mesmo assim, ainda tenho muitos livros físicos, porque ter uma biblioteca é algo que faz parte de mim, isso me faz feliz. Algumas pessoas gostam de colecionar filmes. Outras, instrumentos musicais. É bem diferente de ter uma pilha de revistas mofando no quartinho da bagunça ou um guarda-roupa entupido de peças que não servem mais.

O que eu aprendi sobre minimalismo é que ele me permite focar o mínimo necessário para a minha vida, para cada pessoa, para cada família, e não é uma regra que dite que "minimalismo é ter uma casa vazia" ou "minimalismo é ter somente cem objetos em casa". Aliás, esse exercício de imaginar quais seriam os cem objetos é muito divertido de fazer e nos permite analisar com carinho quais são os objetos que nos seriam essenciais. Que tal tentar?

Percorra sua casa e liste os objetos realmente essenciais para você e sua família. Com itens pequenos, você pode escrever em uma única linha "quatro garfos" ou "três camisetas", por exemplo. Com objetos no geral, porém, procure inserir um por linha. Use seu bom senso.

Destralhar é o primeiro passo 43

Lista

1 _____	27 _____
2 _____	28 _____
3 _____	29 _____
4 _____	30 _____
5 _____	31 _____
6 _____	32 _____
7 _____	33 _____
8 _____	34 _____
9 _____	35 _____
10 _____	36 _____
11 _____	37 _____
12 _____	38 _____
13 _____	39 _____
14 _____	40 _____
15 _____	41 _____
16 _____	42 _____
17 _____	43 _____
18 _____	44 _____
19 _____	45 _____
20 _____	46 _____
21 _____	47 _____
22 _____	48 _____
23 _____	49 _____
24 _____	50 _____
25 _____	51 _____
26 _____	52 _____

53	77
54	78
55	79
56	80
57	81
58	82
59	83
60	84
61	85
62	86
63	87
64	88
65	89
66	90
67	91
68	92
69	93
70	94
71	95
72	96
73	97
74	98
75	99
76	100

A grande vantagem do minimalismo como estilo de vida é que você não só valoriza mais o que entra na sua casa, como tem menos coisas para limpar (levante a mão quem nunca deu

Destralhar é o primeiro passo

uma leve suspirada ao ter de recolher enfeites para tirar o pó de uma prateleira). Além disso, você economiza dinheiro, pois aprende a consumir com mais consciência. E, ao comprar menos, você consegue adquirir objetos de melhor qualidade, que durarão mais.

Esse minimalismo é um exercício diário. Todos os dias, sua casa recebe um monte de papéis, copinhos de plástico, embalagens, revistas e objetos de todas as categorias e você precisa decidir o que fazer com eles. Se sua casa não estiver organizada, você mal saberá distinguir o que deve permanecer daquilo que não deve, porque mesmo o que parece importante pode ser descartado por não ter lugar. É por isso que o primeiro passo da organização é destralhar.

Pense um pouquinho nas necessidades das pessoas que moram na sua casa (pode ser apenas você), analise os cem itens que você listou anteriormente, e pergunte-se o que de fato é necessário. Quantos copos você precisa ter no dia a dia? "Ah, Thais, eu guardo esses copos porque no Natal nós usamos para a família inteira." Não paute seu dia a dia em situações que não são do dia a dia. Se você usa os 32 copos de cristal apenas no Natal, faz sentido armazená-los durante o ano inteiro, ocupando um espaço precioso? Não seria mais simples alugar os copos ou pedir emprestado na ocasião? Busque outras soluções. Em espaços tão pequenos, não precisamos ter posse de objetos que não sejam úteis na nossa rotina. Ninguém tem tempo para ficar administrando esses objetos.

Itens que costumam se acumular sem que percebamos:

- Roupas.
- Louças.
- Potes de plástico.

46 Casa organizada

- Roupa de cama.
- Roupa de banho.
- Utensílios para bebês e crianças (copos de plástico, por exemplo).
- Brinquedos.
- Revistas.
- Correspondências.
- Bijuterias.
- Encartes de supermercado.
- Jornais.
- Cosméticos.
- Medicamentos.
- Canetas.
- Meias.
- Elásticos e acessórios de cabelo.
- Papéis.
- Trabalhos de escola.
- Almofadas.
- CDs.
- Pilhas.
- Sacolas plásticas.
- Lembrancinhas.
- Ímãs de geladeira.
- Folhetos de delivery.

Será que você precisa mesmo de oito jogos de cama em uma casa em que mora apenas um casal? E o contrário também acontece: se você mora em uma casa com cinco pessoas, ter apenas oito toalhas de banho pode ser estressante. É necessário

Destralhar é o primeiro passo **47**

fazer essa análise de necessidades para entender o que é essencial para cada lar.

Quando penso em adquirir algo para nossa casa, eu me pergunto se vale a pena levar mais uma coisa para dentro dela. Nosso espaço não é tão grande. Por isso, preciso ser criteriosa para a casa não ficar cheia de coisas. É possível ter uma casa cheia de coisas que não sejam tralhas. Nesse ponto, a seleção é ainda mais necessária. Se eu tenho uma casa grande e um cômodo para a sala de jantar, com uma linda cristaleira para guardar os copos de cristal, é claro que eu posso tê-los em casa, mesmo que eu os use apenas no Natal. Agora, se eu preciso de um cômodo para montar um home-office, por exemplo, e a sala de jantar está ali em um lugar que poderia ser usado para essa finalidade, é necessário questionar. Se eu amo acampar, mas moro em um apartamento de 55 metros quadrados, no qual mal cabem os objetos que eu de fato uso no dia a dia, eu preciso questionar se vale a pena manter objetos de acampamento, ou buscar soluções alternativas de armazenamento.

O que costumo ver, no entanto, é que as pessoas mantêm em suas casas objetos de todos os tipos, desde os necessários para o dia a dia, e aqueles que são necessários apenas de vez em quando, até os que realmente não são usados. E, quando tudo fica misturado, gera-se frustração, pois são coisas que queremos fazer algo a respeito, mas nunca fazemos. E até aquilo que é necessário e altamente usável no dia a dia acaba ficando de lado, porque existem muitos objetos no caminho atrapalhando.

Os objetos fazem parte de quem somos e nos ajudam a construir nossa história. Se você mantém em casa aquilo que não usa e não o deixa alegre, que tipo de história você está escrevendo?

48   Casa organizada

Por isso, quando eu falo em destralhar a casa, significa apenas dar valor aos objetos que são importantes. Porque, quando guardamos tralha, não conseguimos valorizar o que temos e aquilo de que gostamos de verdade. Estou falando desde aquele colar de família que sua avó deixou para você, que está misturado com correntinhas quebradas, até o quadro que você ainda não pendurou porque está guardado atrás de uma pilha de jornais velhos, entre tantos outros exemplos que talvez você conheça melhor do que eu.

A tendência a acumular faz parte do ser humano e da necessidade de se precaver contra tempos difíceis que possam vir – guardar as provisões para nunca faltar. Todavia, hoje vivemos em um tempo diferente, em que os imóveis são menores e o volume de objetos aumentou de forma considerável, em proporção contrária. Se não estabelecermos limites, a casa fatalmente ficará bagunçada e repleta de coisas. Precisamos assumir o controle da situação!

E como fazê-lo? Ora, descobrindo o que é necessário para você e sua família. Eu posso dizer que na minha casa é necessário ter apenas seis pratos; porém, se você recebe amigos com frequência, é claro que sua necessidade é outra. Assim como você pode ter meia dúzia de livros em casa e achar absurdo eu ter novecentos. Cada pessoa e cada família têm suas necessidades, suas vontades, seus apegos. O que vale aqui é você saber o que o faz feliz e questionar se tem deixado espaço físico na sua casa (pois ele está ligado ao seu espaço emocional e mental), adaptá-lo ao seu dia a dia, à sua família e ao seu estilo de vida.

Lembre-se de que nem tudo precisa ter uma utilidade. Podemos ter muitos objetos que sejam apenas decorativos ou que estejam ali somente para alegrar o nosso dia. Mesmo

Destralhar é o primeiro passo

assim, no fundo, eles têm uma utilidade – nos alegrar. Ter o pé no campo da utilidade nos ajuda a fazer algumas escolhas.

Como começar a destralhar

Todas as coisas que estão dentro da sua casa não foram adquiridas da noite para o dia, e você não conseguirá se livrar delas do dia para a noite. Existem algumas técnicas de destralhamento que podem ajudar muito nesse processo. Eu acredito que as duas maneiras mais recomendadas são:

1 Destralhar um pouco todos os dias.

2 Destralhar por partes
(um cômodo, uma gaveta, uma categoria...).

Sugiro que você comece dedicando quinze minutos diários (sim, apenas quinze!) para esse destralhamento. Comece por aquele espaço que mais irrita você todos os dias. Pode ser a gaveta da bagunça na cozinha, seu guarda-roupa, as correspondências, o armário embaixo da pia. Marque quinze minutos no relógio do celular e estabeleça o que for lixo desse lugar ou dessa categoria que você escolheu. Tente não pensar muito. Serve ou não serve. Usa ou não usa. Tem lugar para ficar ou precisa ir para o lixo. Algumas coisas são obviamente lixo. Nesse primeiro estágio, vamos nos livrar delas.

É normal surgirem dúvidas nesse processo. Em um primeiro momento, se você quiser, livre-se do que for obviamente lixo. Se você nunca mexeu nessas coisas ou ficou bastante tempo sem mexer nelas, pode ser que consiga se livrar de muitos itens apenas nessa primeira seleção. Em todo caso, mais para a frente, vou trazer uma lista de perguntas que você pode se fazer para entender se deve manter aquele objeto ou não.

Faça esse exercício diariamente, sem pressa e sem dramas. Quando terminar de jogar fora tudo o que for obviamente lixo, você perceberá que tem em casa apenas aquilo de que gosta, que é útil ou que tem algum tipo de pendência. São esses objetos que nós vamos analisar na sequência.

Destralhar a casa não é uma atividade feita com regras. Estamos falando dos nossos pertences, de objetos que fazem parte da nossa vida. Não é para ser feita com pressa nem descartando algo que sequer sabemos se é lixo mesmo. O processo deve ser um pouco mais cuidadoso (porém, nunca estático), justamente para que você possa valorizar mais os objetos que optar por manter em casa. Se eles estiverem misturados com lixo, que valor você estará dando a eles?

Uma maneira um pouco mais certeira de fazer essa seleção pode ser destralhar por categorias. Como funciona? Significa que, se quiser destralhar seu guarda-roupa, por exemplo, você não precisa colocar tudo em cima da cama e ficar exausto(a) destralhando tudo. Você até perde o parâmetro quando lida com tanta coisa ao mesmo tempo. No entanto, se destralhar hoje suas calças, amanhã as camisas, tudo fica mais fácil e com mais qualidade.

Um exercício muito legal é fazer algumas perguntas quando estiver lidando com cada categoria. Eu sugiro as seguintes, mas você pode personalizar:

- Quais são meus objetos preferidos dessa categoria? Essa pergunta já ajuda você a descobrir coisas importantes, dentre as quais: o que é mais útil; aquilo de que você gosta mais; o que combina com seu estilo e o da sua casa; conforto; praticidade, entre outros atributos que podem ser importantes.

- Se você tivesse de escolher apenas um objeto dessa categoria, qual seria?
- Se você precisasse escolher apenas três objetos dessa categoria, quais seriam?
- O que eles têm em comum? Por que você os escolheu?
- Por que você não escolheu os outros?
- (Analise objeto a objeto.) Esse item é útil para mim ou para alguém da minha família? Nós o usamos todos os dias? Há quanto tempo não é usado? Precisa ser consertado? Compensa mais consertar ou comprar um novo? Preciso dele, mas em uma versão melhor?
- (Analise objeto a objeto.) Esse objeto combina com o estilo da nossa casa? Faz parte do nosso estilo de vida ou remete a algo que não faz mais parte da nossa vida?
- (Analise objeto a objeto.) Esse objeto, móvel ou eletrodoméstico é de boa qualidade? Tenho outro objeto semelhante com uma qualidade superior? Se não, vale a pena manter, pelo menos enquanto não faço substituições?
- (Analise objeto a objeto.) Esse item é o único no meu inventário? Se tenho mais de um, o que me levou a tê-los? Quais as diferenças entre eles? Posso ficar apenas com um?
- (Analise objeto a objeto.) Esse item faz com que eu me sinta bem? É algo que eu quero ter e ver na minha casa?
- Analise os objetos que você resolveu manter e pergunte-se: Manter esses objetos compensa o uso do espaço em que os armazenarei? Ou o espaço pode ser utilizado de maneira melhor nesse momento?
- Posso manter apenas uma foto ou cópia digitalizada desse objeto para lembrança?
- Se eu não o uso, mas posso precisar um dia, seria fácil e barato conseguir outro objeto semelhante?

O que fazer com os objetos
que não quero manter

Não estamos incentivando o desperdício!

Existem diversas alternativas para se desfazer do objeto que não ficará mais na sua casa. Para descobrir, faça as seguintes perguntas:

ESTE OBJETO PODE SER VENDIDO?

Se o objeto estiver em bom estado e você encontrar similares em sites, como OLX e Mercado Livre, pode valer a pena tentar vendê-lo pela internet.

ESTE OBJETO PODE SER DOADO PARA ALGUÉM
QUE PRECISE MAIS DO QUE EU?

Se o objeto estiver em bom estado ou precisando de consertos leves (que você não está disposta a fazer), procure locais em sua região que aceitem doações.

ESTE OBJETO PODE SER REAPROVEITADO DE
ALGUMA MANEIRA DENTRO DE CASA?

Se o objeto não estiver em bom estado ou não servir para as alternativas anteriores, verifique se é possível aproveitá-lo. Uma roupa velha pode servir para encapar algum objeto ou virar pano de chão. Uma embalagem pode ser recortada e virar caixa organizadora ou organizador de gaveta. Atenção: não é para manter a tralha, mas fazer a transformação o mais breve possível.

Destralhar é o primeiro passo 53

ESTE OBJETO PODE SER RECICLADO?

Se o objeto não puder ser reaproveitado dentro de casa, pergunte-se se ele é feito de material reciclável. Se for, leve ao posto em sua região que recolha materiais recicláveis.

Se o objeto não se encaixar em nenhuma das alternativas anteriores, certifique-se de descartá-lo da melhor forma possível.

Desafio!

Presentes

"Normalmente eu consigo me desfazer da maioria das coisas que são tralhas na minha casa, mas tenho um grande problema com presentes e bibelôs que ganho de amigos e parentes. Mesmo que eu não goste do objeto, fico com receio de jogar fora e a pessoa me visitar e ficar chateada."

Desapegue! Se o objeto não atende aos seus critérios ao responder às perguntas feitas anteriormente, tome providências! Você não precisa manter em casa um objeto de que não goste ou que não seja útil, mesmo que tenha sido presente de alguém. A casa é sua e é você que precisa conviver com aquele objeto, não quem deu o presente.

Desafio!

Hot-spots

Hot-spots são aqueles cantinhos da casa nos quais sempre se acumula qualquer tipo de bagunça. Sabe aquela cadeira no quarto que sempre tem roupas? Ou o balcão da cozinha com as contas a pagar? São todos hot-spots. Não os alimente! Se perceber um montinho assim se formando, tome providências imediatamente.

Como se desfazer do que é tralha

Todo mundo tem tralha em casa, em maior ou menor grau. Todo mundo possui objetos que aparentemente não têm função, mas dos quais não quer se desfazer de forma nenhuma. O problema aparece quando a vida começa a ser prejudicada pelo excesso de bagunça. Sempre que fico em dúvida se devo me desfazer de algo ou não, eu tenho em mente três conceitos:

1 Objetos não são pessoas. O amor não é feito de plástico. Nada é mais importante que a família, as pessoas amadas, nossos amigos, enfim, os relacionamentos de verdade. Muitas vezes dizemos que "amamos" determinada coisa: isso é um conceito perigoso. Precisamos realmente amar as nossas meias? É um conceito materialista saudável? Será que você "ama" um objeto mais do que ama sua família, que está sendo prejudicada pela presença da bagunça? Lembre-se também de que objetos que pertenceram a alguém que já se foi não representam a pessoa em si. Pergunte-se se vale a pena manter somente porque pertenceu a algum parente ou pessoa querida. Você encontra lembranças no objeto ou no seu coração?

2 Foque o que você pode fazer, não o que já foi feito. Será que a dúvida sobre algo que eu supostamente queira fazer daqui a alguns anos é mais importante que a minha convivência diária com aquelas coisas dentro da minha casa? Por exemplo, você pode manter em casa alguns retalhos de tecido que costumava usar quando costurava. Se você não está se dedicando a essa atividade há tempos, será que vale a pena manter esse material? Não seria muito melhor abrir espaço na casa para o novo ou mesmo para o que você já está fazendo e não encontra tempo ou espaço para se dedicar mais? Todos nós temos objetos que usamos e ficamos em dúvida sobre descartar ou

Destralhar é o primeiro passo

não porque, afinal, "usamos durante tanto tempo, pode ser que a gente volte a usar qualquer dia desses". Se esse dia não tem uma perspectiva tão breve de volta, considere o descarte. Outra pergunta que pode ajudar é: "Se eu precisar desse objeto no futuro, é fácil ou barato conseguir outro?" Se sim, pode valer a pena adquirir apenas se a ocasião acontecer. Não vale a pena guardar agora.

3 Não é uma competição sobre quem tem mais. Comprar pode ser gostoso, eu sei. Contudo, aprendi a pensar da seguinte forma: "Prefiro isso ou o dinheiro que isso vale?" Ou: "Esse objeto vale o espaço que ele vai ocupar em casa?" Quantas vezes deixei de comprar uma revista porque eu não tinha o menor interesse em guardá-la depois de ler! O conceito fundamental para ter em mente é: sempre existirão produtos novos, com mais tecnologia e maravilhosos. Nunca vai acabar a oferta de itens bacanas que podemos comprar. O que precisamos é colocar um limite, senão a situação se torna insustentável, além de nada saudável financeiramente. Não importa se outras pessoas possuem determinado produto e você "se sente de fora". Foque sentimentos mais importantes.

Uma das maiores dificuldades encontradas na hora de destralhar a casa é o apego desenvolvido por coisas, por objetos. Por algum motivo, queremos manter itens que, para qualquer outra pessoa, são inúteis, porém, para nós, têm uma importância imensa. Por que será que nos apegamos a coisas que aparentemente não têm valor?

Dicas para destralhar a casa todos os dias

Todos os dias nossa casa recebe uma quantidade imensa de tralha sem que a gente se dê conta: embalagens, sacolinhas, correspondências, papéis de recibo etc. Para domar essa baguncinha, é importante ter o hábito diário de destralhar a casa. Não precisa ser nada drástico – basta estipular um tempo (de cinco a quinze minutos) e percorrer a casa com uma sacolinha na mão e recolher o que encontrar. Se você tiver a possibilidade de reciclar seu lixo, melhor ainda.

Podemos achar que nossa casa não tem tralha. Ledo engano! Toda casa tem uma série de objetos dos quais podemos nos desfazer. Mesmo a casa mais minimalista de todas, uma hora terá o rolo do papel higiênico que acabou, um frasco de xampu vazio e uma revista que já foi lida. Ter o hábito diário de destralhar faz com que você nunca olhe para uma pilha de coisas e fique desanimado(a), pois faz parte do seu dia a dia lidar com aquilo até não haver mais bagunça pela casa.

Veja algumas dicas para facilitar o processo:

- Antes de comprar alguma coisa, pergunte a si mesmo(a) se aquele objeto vale o espaço que ocupará na sua casa.
- Tenha um sistema para controlar a papelada na sua casa. Mantenha uma bandeja ou caixa de entrada para centralizar todos os papéis que chegam com você da rua: correspondências, contas, trabalhos de escola. Uma vez por dia, analise o que há ali dentro e destine cada papel ao lugar mais apropriado.
- Não dá para organizar tralha. Não dá para organizar tralha. Não dá para organizar tralha. Sabe por que eu insisto? Porque às vezes a gente acha que comprar um monte de caixas e esconder a bagunça vai resolver todos os problemas. Não vai! Destralhar é mais que um verbo – é uma atitude! Porque significa que você está deixando em sua casa somente o que é valioso ou útil para você.
- Sempre que tiver um tempinho, faça uma revisão das suas coisas. Esse "tempinho" é aquele quando a gente senta para

Destralhar é o primeiro passo   57

organizar lingerie na gaveta, por exemplo, e tira pelo menos três itens que já deram o que tinham de dar. Ou quando vamos procurar uma revista naquela pilha que temos e aproveitamos para sentar e dar uma revisada no que pode ser reciclado. Deve fazer parte do dia a dia. Não é um "evento".

- Henry Thoreau, filósofo norte-americano, autor do livro *Walden ou a vida nos bosques*, dizia que tinha orgulho de saber que todos os pertences dele caberiam em um carrinho de mão. Não precisamos chegar a esse extremo, mas vale a pena exercitar a imaginação. Se fosse o caso, o que você levaria? E, pensando que há a possibilidade de ter mais coisas, quais seriam as realmente essenciais ou que gostaríamos de ter, sem que fossem em uma quantidade maior que o nosso espaço pode suportar?

- "Eu não tenho espaço" é uma grande mentira que você conta para si mesmo(a). Acredite em mim, pois já a usei muitas vezes, quando morava em um único quarto. Você precisa se adaptar ao espaço que tem. Se você não sabe gerenciar 30 metros quadrados, não saberia gerenciar 250. Teria muitas coisas do mesmo jeito.

- Se você estiver com pique para destralhar a casa inteira de uma vez, bom para você! Saiba, porém, que não é preciso. Sua casa não ficou cheia de coisas da noite para o dia, e não precisa ser destralhada em tão pouco tempo também. O pouquinho que você fizer hoje já é um passo adiante. Destralhar tudo de uma vez também pode fazer com que você se desfaça por engano de coisas que não queria de fato se desfazer. Quando fazemos aos poucos, temos mais certeza do que jogamos fora.

- Recicle o que puder, seja por meio de coleta seletiva, reutilizando objetos em casa, seja doando para instituições de caridade. Tudo o que não precisar ir para o lixo, melhor. Afinal, nosso planeta não tem "lá fora". Você ficará surpreso(a) com a quantidade de coisas que não precisam ir para o lixo propriamente dito.

58   Casa organizada

- Você não precisa guardar uma revista inteira somente por uma ou três matérias de que tenha gostado. Guarde as matérias e recicle o restante.

- Digitalize o que puder. Existem bons aplicativos que permitem digitalização mesmo com a câmera do celular – não precisa de nenhum aparelho sofisticado.

- Mantenha no seu armário (ou no quarto) um cesto ou uma caixa para colocar as roupas que deseja doar. Quando estiver cheio(a), doe as roupas. Não vale pegar de volta o que estiver ali! Se você optou por doar, teve um motivo.

- Não há muito segredo quando se fala em destralhar. Aquilo de que você gosta e é útil deve ficar. Todo o resto pode ser doado, reciclado ou virar lixo. Eu trago aqui algumas diretrizes, perguntas que você pode se fazer para ajudar, mas sua intuição pode falar mais alto.

- Procure comprar alimentos com menos embalagens. Reduza a tralha que entra em casa.

- Sempre que quiser manter algo, compare o que vale mais: manter esse objeto inútil ou abrir espaço para o novo?

E você, tem o hábito de destralhar a casa diariamente? Aqui o meu prazo é de cinco minutos, e dá para fazer muita coisa! Ou, então, eu escolho algum espaço específico (por exemplo, uma gaveta) e destralho o que tem ali. Sempre tiro alguma coisa.

Desculpas que costumamos dar para não destralhar a casa

Se você tem dificuldade para se livrar de algum objeto, pode ser que esteja dando uma das seguintes desculpas:

Destralhar é o primeiro passo

1 "Posso precisar disso um dia"

A ideia de escassez nos aflige, é verdade. Todo mundo tem medo de passar dificuldades. No entanto, isso não justifica o acúmulo de tralha. Quer guardar potes de plástico? Ok, guarde-os, mas estabeleça uma quantidade realmente útil. Pergunte-se quando foi a última vez que você usou aquele objeto que está ali há tanto tempo. Se você responder "nunca" ou "há uns dez anos", é hora de dizer adeus. Se ainda assim tiver dúvidas, lembre-se de que (infelizmente) as embalagens não vão acabar. Se você precisar de um novo pote, basta ir até o mercado mais próximo.

2 "Foi muito caro para jogar fora"

Você pagou 150 reais em um vaso que está dentro da caixa, no fundo da garagem, porque, no final das contas, acabou odiando-o ou achando que não tem mais a ver com você. No entanto, você o mantém lá por ter custado muito caro. A questão é: continuará tendo custado caro com outra pessoa ou ali, encostado. Não é melhor dar de presente para alguém que realmente aprecie o objeto ou, melhor ainda, precise dele?

É claro que, no mundo ideal, não tomamos decisões estúpidas como comprar algo caro de que não gostamos, mas todos nós fazemos isso muitas vezes no decorrer da vida. Não pense no dinheiro que você pagou quando comprou, mas em quanto vale o objeto agora. Pense na sua casa, no seu espaço, e na frustração que sente quando o vê ali, sem utilidade. Dê de presente para alguém ou venda pela internet. Se for um equipamento eletrônico antigo, você pode doar para instituições de caridade. ou escolas.

3 "É uma lembrança de família"

Uma coisa é você ter uma lembrança de família que seja realmente especial, por exemplo, uma boneca que foi da sua avó e agora é da sua filha. Ou um colar que era da sua tataravó e que você usa sempre que tem uma festa especial. Outra coisa totalmente diferente é receber aquele monte de tralha sempre que um parente morre e não querer se desfazer porque "é lembrança de família". Não é. Tralha é tralha.

Minha sugestão, nesse caso, é avaliar muito bem os objetos deixados pelo familiar querido e manter somente o que tiver um significado especial. Todo o resto pode ser doado. Fará um bem enorme a você e às outras pessoas.

4 "Lembra uma época muito especial da minha vida"

Ah, então você mantém seus cadernos da escola porque são tão lindos e retratam uma época tão boa! A pergunta é: para que mesmo? Você não é o que você tem, mas o que você é! Vale a mesma dica do item anterior – analise tudo com um olhar extremamente crítico e guarde apenas o que realmente tiver um significado especial. Não guarde tralha. Não serve para nada.

Minha mãe costumava fazer capas lindas para meus trabalhos escolares e ela guardou um montão deles. Quando eu estava grávida, achei uma pasta com todos e fiquei morrendo de dó de jogar fora. Conclusão? Tirei foto de tudo e guardei somente um, o de História, como lembrança, e sinceramente tenho vontade de me livrar dele também. É uma ótima lembrança, faz-me pensar em como eu sempre gostei romanticamente de História... aquela coisa. Mas qual é o ponto? Eu preciso ter aquele trabalho guardado? Não, não preciso.

5 "Eu faço coleção"

Existe uma enorme diferença entre uma coleção sadia e uma coisa insana. Se você e sua família estão se afogando em "coleções", está na hora de rever seus conceitos.

Pergunte-se também se a coleção continua fazendo sentido. Eu colecionava papéis de carta quando era mais nova. Quando parou de fazer sentido, eu dei alguns de presente para meninas mais novas que faziam coleção e usei outros para escrever cartas. Pode ser difícil desapegar, mas quando você pensa que são somente objetos, tudo fica mais fácil.

Ninguém está pedindo para você se desfazer de coisas e ficar sofrendo, mas é importante que reflita sobre esses sentimentos e avalie o que é mais importante para você, nesse momento: algo que você sequer lembra que existe, ou espaço e bem-estar em casa.

Tenha um lugar para cada coisa na sua casa

Este texto pode parecer clichê, pois vemos essa recomendação na maioria dos livros de organização, mas eu vou explicar por que não é.

Em primeiro lugar, quando você tem um lugar para cada coisa na sua casa, significa que você não tem tralha.

Em segundo lugar, toda vez que pensar em comprar algo, você se lembrará desse fato, e se perguntará se tem lugar para guardar a compra nova. Se não tiver, poderá se questionar se é algo que realmente vale a pena.

Se você acha que tem pouco espaço, a verdade é que tem coisas demais. Para tudo o que não tiver lugar na sua casa e estiver "naquele cantinho", pergunte-se o seguinte:

Eu amo esse objeto?

Eu uso esse objeto?

Tenho lugar para guardá-lo?

Estou disposto(a) a me desfazer de algo para que eu tenha um lugar para guardá-lo?

Alguém da minha família ama ou usa esse objeto?

Nós faremos esses tipos de pergunta constantemente no processo de organização.

Se você respondeu *não* a essas perguntas, então está na hora de jogar fora, doar, vender ou reciclar esse objeto.

Ter um lugar para cada coisa na sua casa é a melhor forma de controlar se você tem o suficiente ou se tem tralha, e aí sim tomar providências.

Tralha emocional

Imagine que você tenha acabado de vender a casa em que vive desde seu nascimento. Trancar a porta pela última vez dá uma sensação inexplicável de vazio. E então tudo se resume a entregar a chave para outra pessoa e seguir adiante. Fácil? Nem tanto. E é esse sentimento que muitas pessoas sentem quando estão tentando se desfazer da bagunça; é muito difícil se desfazer dos objetos que guardam há tanto tempo. Pode ser que esse seja o seu caso. Nós possuímos lembranças que nos acompanham por toda a vida. Saiba que você não precisa deixar suas emoções de lado nesse processo. Veja algumas dicas:

1 Todos nós temos objetos que fazem parte da nossa história, por isso é difícil se desfazer deles. É necessário, porém, distinguir entre a primeira roupinha usada pelo seu filho de um pote de plástico que já deu o que tinha de dar. Se você não quer se desfazer de algo porque possui apelo emocional, é muito simples: não se desfaça. Você não precisa nem deve jogar fora algo que seja tão importante e traga tantas lembranças, mas precisa se desfazer do que é apenas tralha, quando não lixo.

2 Como acontece com muitos objetos, chega um momento em que ele deixa de ter utilidade. Algo que era perfeito para você antes e que tenha usado muito, de repente não serve mais e está largado em algum canto, apenas ocupando espaço pelo valor emocional de um dia ter feito parte da sua vida. Você não precisa guardar essas coisas. Se o objeto ainda estiver em bom estado, você pode doá-lo – e outra pessoa fará melhor uso dele. Se ele estiver ruim, é hora de desfazer-se pura e simplesmente. Se puder reciclá-lo, melhor ainda. Contudo, não o deixe ocupando um precioso espaço na sua casa – espaço que deve ser reservado ao que é importante.

3 Veja sua casa como uma espécie de santuário, no qual você guarda somente os objetos que ama, usa e tiram de você um sorriso cada vez que olha para eles. Aquela sensação superconhecida ao abrir um guarda-roupa cheio de roupas bagunçadas ou ao entrar no "quartinho da bagunça" pode acabar, se você souber selecionar apenas o que quer manter com você. Sabe aquela pilha de revistas no canto da garagem? Ela não precisa estar ali, e isso é só um exemplo.

4 Durante a gravidez, precisei me desfazer de muitos objetos porque precisava de espaço para a chegada do bebê. Eu nunca doei e joguei tanta coisa fora! Tenho passado os últimos dois anos em pleno processo de destralhamento e ainda tenho muitas coisas que não uso tomando conta de alguns espaços. O fundamental é ter a consciência de que a casa não ficou cheia de tralha da noite para o dia (algumas coisas são acumuladas durante uma vida inteira), nem ficará vazia com rapidez. O processo de desapego é diário, fazendo um pouquinho ali, um pouquinho aqui.

5 Comece pelo que chega em casa: novas compras, correio, presentes. Não guarde o pote de azeitonas, se já tem oito deles ou não precisa imediatamente. Não guarde o que não tem necessidade, imaginando que algum dia vai precisar. Esse é um erro comum, quase primário, de quem tem muita tralha em casa. Não caia nele. Sua casa e você valem mais do que esse monte de papel e de plástico. Com toda a certeza, você tem itens de extremo valor emocional que deseja manter, mas posso jurar que 80% da sua bagunça é composta por objetos que não precisavam estar ali e não fariam a menor falta.

Não há nada de errado em sentir um aperto no coração ao se desfazer de determinados objetos. Só não permita que esse sentimento tome conta de você com itens do dia a dia que não possuem utilidade nem significado, e que você guardava somente por hábito. Você não precisa deixar suas emoções de lado ao se livrar da tralha. Se, quando estiver se desfazendo de alguma coisa, precisar de alguns minutos para se despedir, faça isso. Você tomou a decisão certa. Guarde o que importa. Quanto ao restante, siga em frente.

Dicas para imóveis pequenos

Nem mesmo morando em um espaço grande, eu recomendo ter tralha. Se, porém, você mora em um espaço pequeno, não tem como ter MESMO. A gente sabe que tem tralha quando os objetos necessários do nosso dia a dia ficam sem lugar, porque outras coisas estão tomando o lugar deles. Por isso, é comum a gente ler dicas padronizadas de organização: tire tudo de um cômodo e coloque de volta apenas o que usa. Em resumo, é a simplificação do processo de não ter tralha. Contudo, falar é fácil! Agora, o que a gente faz com o que não entrou no cômodo? Joga pela janela? Não dá. Portanto, não precisa ser radical nem traumático – pegue quinze minutos por dia, apenas, e separe algumas coisas da sua casa que você não usa mais. E aí tome providências – pode ser doar, tirar fotos para vender na internet, reciclar, dar de presente, jogar fora. As tralhas não pipocaram na sua casa da noite para o dia, então não precisa se preocupar em fazer isso do dia para a noite. Você não está em um *reality show*.

Quando se livrar da tralha, organize o que você tem. Seus CDs estão organizados da melhor maneira possível ou dá para melhorar? Será que não seria mais confortável digitalizar tudo e dar os CDs para alguém? E seus livros, estão organizados em uma estante ou em pilhas espalhadas pela casa? Como estão os armários da sua cozinha? E os produtos de limpeza na área de serviço? Brinquedos? Roupas? Sapatos? Controles? Roupas de cama? Toalhas? Louça? Panos de prato? Artigos de escritório? Sempre há algo a melhorar. Mais uma vez: não se cobre tanto e organize aos pouquinhos, buscando soluções particulares para a sua casa.

Invista em móveis pequenos. Quando eu me mudei, a sala do apartamento era grande. Por isso, quis comprar uma mesa de jantar um pouco maior que o normal, para "preencher" o espaço. Eu amo a mesa, contudo, quando me mudei mais duas vezes, ela sempre ficou muito maior e desproporcional aos novos espaços de que eu dispunha. Eu sei que quando você muda em definitivo para um apartamento que comprou, o investimento pode ser mais certeiro. Ao mesmo tempo, nada é para sempre na vida. Você não sabe se vai odiar seu condomínio e desejar se mudar em dois anos. Hoje, eu penso que, quanto menor, melhor. Claro que sempre atendendo às nossas necessidades – um sofá de três lugares, uma cama *queen*. No geral, porém, os móveis não precisam ser grandes – mesas, poltronas, racks, aparadores. Móveis pequenos ficam mais proporcionais em apartamentos pequenos e dão sensação de amplitude.

Atente para a luz. Muitas pessoas dizem que um apartamento pequeno não deve ser pintado com cores escuras, mas já vi apartamentos pequenos e lindíssimos com parede de lousa ou uma única parede com uma cor mais forte. Acho que o segredo de tudo está na luz que entra em casa. Você pode ter um apartamento minúsculo, mas com muita luz. Assim, uma parede preta até quebra essa luminosidade de uma maneira positiva, deixando o ambiente mais acolhedor. Se seu apartamento, ou sua casa, for grande, mas com pouca luminosidade, pintar uma parede de preto vai fazer com que tudo fique meio estranho. Então, mais do que uma questão sobre cores, trata-se de luz.

Aposte nos espaços verticais. Antes de comprar um móvel novo, investigue soluções verticais. Pode ser mais adequado prateleiras, cabideiros e outras soluções que explorem mais o espaço nas paredes do que ocupar mais espaço no chão.

Abuse de elementos visualmente leves. Cadeiras de acrílico transparente, mesas com tampo de vidro e móveis com pés finos dão uma sensação de maior leveza a qualquer ambiente.

Facilite a limpeza. Com menos coisas dentro de casa, você precisará limpar menos. Quando um apartamento é pequeno, a mobilidade também fica reduzida, então sempre pense nisso ao comprar um bibelô ou um móvel novo. Compensa o estresse de toda vez ter de arrastar para limpar? Ou ter de tirar tudo de cima de uma prateleira? Veja bem: às vezes, compensa. O que não dá é para ser assim com tudo o que há em casa, senão você precisará dedicar dois dias inteiros para conseguir limpar tudo. Busque a praticidade.

Encontre seu estilo. Reconhecer seu estilo de decoração pode ajudar você a fazer investimentos certeiros na sua casa e buscar ideias que poupem espaço.

O que fazer com os objetos que ficam

Os objetos que você decidir manter devem ser essenciais, com grande utilidade, que você ama ou sua família usa e gosta, que inspirem, que imprimam seu estilo e que não ocupem lugar desnecessariamente.

Mesmo os objetos que você decidiu manter devem ser categorizados, para que saiba qual a melhor maneira de organizá-los. Afinal, um objeto que você usa diariamente deve ser fácil de acessar, enquanto um objeto usado com uma frequência menor não precisa ser visto com tanta frequência e facilidade.

Para os objetos que decidiu manter, faça as seguintes perguntas:

- Este objeto é funcional ou apenas decorativo?
- Com que frequência eu uso este objeto?
- Está fácil de encontrá-lo onde ele fica hoje?
- Ele está no cômodo certo?

As perguntas anteriores geram ações e projetos de organização. A ideia é que você liste cada providência a ser tomada e que trabalhe nessa lista aos poucos. Repito: sua casa não ficou desorganizada da noite para o dia nem ficará organizada tão rapidamente, então é necessário ter perspectiva. No entanto, é importante começar de algum ponto!

Essas perguntas também são essenciais para saber como organizar os objetos que ficam na sua casa. Afinal, aquilo que é funcional será organizado de maneira diferente daquilo que é apenas decorativo. E sim: o funcional também pode decorar! Basta ver, pela internet, as imagens lindas com panelas penduradas na cozinha.

Se você usa um objeto com bastante frequência, ele deve ficar em um local de fácil acesso. Se usa com pouca frequência, deve guardar mais para cima ou embaixo, dentro de caixas.

Todas as perguntas, enfim, servem para você estabelecer onde deve ficar cada objeto. Você se surpreenderá com o fato de precisar de pouca coisa realmente acessível todos os dias e de como costuma deixar os itens desnecessários ocupando um espaço precioso.

Também é importante atentar para o cômodo certo para os diversos tipos de objeto. Sempre me surpreendo quando vejo uma casa que guarda papel higiênico na área de serviço, por exemplo! Ou toalhas de banho na cômoda do quarto. Eu sei que espaços pequenos são uma realidade, mas se não for o caso e você tiver espaço para armazenar no cômodo certo, deve fazê-lo.

Vamos buscar essas soluções no próximo capítulo, quando falarmos sobre a organização.

Capítulo 3

Como organizar cada cômodo

Quando falo em organizar, refiro-me ao processo de encontrar soluções para a vida que se tem, não para a vida ideal. E essas necessidades variam muito de pessoa para pessoa, de casa para casa, de família para família. Uma mesma pessoa, uma mesma casa e uma mesma família podem ter necessidades diferentes com o simples passar dos anos, pois a vida é desenhada para nos tirar da zona de conforto. Mesmo quando não temos necessidades diferentes, de repente é o gosto ou o estilo que muda. A vida é feita de mudanças.

Organizar a casa é adaptar o ambiente em que você vive a essas mudanças. É um processo contínuo, sempre em construção. Neste capítulo, vamos fazer muitos exercícios práticos para conhecer suas necessidades atuais, e é importante que você os refaça sempre que sentir necessidade. Nós só percebemos que mudamos quando olhamos ao nosso redor e não nos identificamos com muito do que vemos.

Conhecendo seu espaço

1 Quantos cômodos há na sua casa ou no seu apartamento?

Cozinha: _____.
Sala: _____.
Área de serviço: _____.
Banheiro: _____.
Quarto: _____.

2 Quantas áreas específicas possui sua casa?

Sala de jantar: _____.
Varanda, quintal, terraço: _____.
Home-office: _____.
Garagem: _____.
Outra. Qual? _____.

3 Quais necessidades de armazenamento sua casa possui?

Itens	Nada	Pouco	Muito
Roupas			
Brinquedos			
Livros			
Revistas			
Produtos de limpeza			
Louças			
Panelas			

Itens	Nada	Pouco	Muito
CDs			
DVDs			
Medicamentos			
Artigos de animais de estimação			
Artigos de escola			
Material de escritório			
Equipamento esportivo			
Malas e artigos de viagem			
Enfeites sazonais			
Arquivos e papéis			

Definindo a função de cada cômodo

A função de cada cômodo é pessoal. Você pode ter um quarto que é dividido para o bebê e o home-office, assim como pode ter uma sala de estar que também é sala de jantar. É importante, no entanto, decidir que função cada cômodo da sua casa tem para sua família.

Vamos fazer o seguinte exercício: primeiro, analisaremos qual a função de cada cômodo hoje (realidade) e qual a função que você gostaria que cada cômodo tivesse (expectativa).

Por favor, escolha um cômodo da sua casa que esteja mais problemático para fazer o exercício. Depois, você pode replicá-lo em outra folha de papel e fazer com quantos cômodos quiser.

74   Casa organizada

Cômodo: _____

Função atual: _____

Função desejada: _____

Por que hoje ele não tem a função desejada?

O objetivo deste exercício é levá-lo a enxergar com mais clareza o que precisa ser feito em cada cômodo e ter uma ideia do resultado desejado para ele.

Qual seu poder de armazenamento?

Que móveis você tem hoje em casa para auxiliar no armazenamento dos seus pertences? Preencha a lista a seguir com a quantidade existente:

- Estante: _____
- Prateleira: _____
- Rack: _____
- Aparador: _____
- Armário aberto: _____
- Armário fechado: _____
- Gaveteiro: _____
- Arquivo: _____

Como organizar cada cômodo   75

- Guarda-roupa: _____
- Cômoda: _____
- Criado-mudo: _____
- Nicho e/ou cubo: _____
- Baú: _____
- Gabinete: _____
- Sapateira: _____
- Fruteira de piso: _____
- Carrinho de piso: _____

O objetivo aqui é identificar possíveis necessidades de armazenamento. Móveis para armazenamento ocupam espaço e, muitas vezes, a melhor solução é buscar os planejados e personalizados. Entretanto, se tivermos menos coisas, não bastaria móveis menores ou mesmo nenhum móvel? Serve como autorreflexão.

Lista de objetos que auxiliam no armazenamento

Existem muitos objetos que podem ajudar a armazenar os itens que guardamos em casa. Não precisamos ficar presos ao conceito de caixas organizadoras caríssimas. Sim, elas são ótimas, mas há opções:

- Cestos de vime e de plástico.
- Caixas organizadoras, de presente, de papelão.
- Organizadores de gavetas.
- Porta-revistas.
- Colmeias.

76   Casa organizada

- Porta-canetas, copos e canecas.
- Vasos.
- Lixeiras.
- Baldes.
- Cabides diferenciados.
- Porta-roupa de cama.
- Sapateiras portáteis.
- Bandejas.
- Arquivos.
- Pastas.
- Rotuladoras.
- Caixas de sapato.
- Organizadores de mesa para bijuterias, maquiagem, escritório.
- Sacos a vácuo.
- Ganchos e suportes.
- Dobrador de roupas (gabarito).
- Caixa para bijuterias.
- Potes de vidro e de plástico.
- Sacolas de tecido.
- *Necessaires*.
- Gavetex.
- Expositores e caixas de entrada.
- Aparadores de livros.

Você já possui alguns desses itens? Utilize essa lista para identificar as quantidades existentes na sua casa.

Alguns deles podem ser feitos com reaproveitamento de materiais, como: cestos e caixas que vieram com presentes, caixas de embalagens que podem ser recortadas e encapadas com papel contact, copos viram porta-canetas, roupas velhas podem virar sacolas de tecido, entre outras ideias criativas. Sempre que for descartar algo, pergunte a si mesmo(a) se pode aproveitar o objeto na sua casa.

Providenciando o que for necessário

Até aqui, você deve ter feito o seguinte:

- Identificado o cenário atual da organização da sua casa.
- Listado os cômodos da sua casa.
- Identificado os móveis e os itens de armazenamento disponíveis.
- Destralhado a sua casa.
- Definido funções e usabilidade dos objetos que ficam.

Agora, você deverá providenciar o que falta para continuar a organizar a sua casa.

Para fazer isso, siga os seguintes passos:

Circule por cada cômodo da sua casa fazendo anotações:

- Inventário de móveis por cômodo.
- Inventário de objetos por cômodo.

A ideia aqui é saber se você precisa providenciar novos móveis, instalar prateleiras ou buscar soluções diversas de armazenamento. Mais para a frente, você verá ideias para organização de cada cômodo que podem inspirá-lo(a) a saber o que fazer em cada um deles.

Ao criar um inventário, você tem mais consciência da quantidade de objetos que possui dentro de casa. Pode fazer uma análise mais certeira daquilo que precisa e do que não precisa ter, ou mesmo do que precisa e ainda não tem em casa. Assim, você economiza não comprando objetos em duplicidade e investindo apenas naquilo de que realmente necessita.

Você perceberá que poucas compras deverão ser feitas, especialmente porque muitos itens podem ser organizados sem que você precise gastar dinheiro. Muitas vezes, aquilo que você já tem consegue dar conta.

Lembre-se também de que tudo o que você destralhar e conseguir vender pode gerar o lucro utilizado para organizar o que ficou. Se não, estabeleça prioridades para fazer esse investimento aos poucos, à medida que conseguir.

Onde comprar produtos para organização

Caso precise fazer aquisições externas, aqui vai uma lista de lugares em que você pode encontrar produtos de organização.

- Leroy Merlin – A rede de lojas possui uma seção inteira dedicada a organização. É um excelente lugar para comprar caixas, cestos, organizadores de gavetas, porta-roupa de cama, sapateiras, gaveteiros, estantes, prateleiras. É uma loja bastante completa e que oferece muitas opções. Não é das mais baratas, mas, com um bom olho, dá para achar produtos em conta. A vantagem é poder fazer diversas compras em um único lugar.

- Tok&Stok – Outra rede de lojas que possui produtos diferenciados – ou seja, originais, diferentes do padrão – e que, por esse diferencial, tem um precinho acima da média. Para comprar poucas e boas coisas, a Tok&Stok é excelente (e vai muito do poder aquisitivo de cada um, é claro). Particularmente, gosto de fazer compras na Tok&Stok. Ir à loja é sempre um passeio que adoramos fazer, pois tem novidades mensalmente. Dá para comprar cestos, caixas, acessórios, colmeias organizadoras e outros produtos relacionados. Vende, ainda, móveis, como estantes, arquivos e gaveteiros. Também vende on-line: <http://www.tokstok.com.br>.

- **Lojas de 1,99** – Hoje, essas lojas não vendem mais produtos por 1,99, mas continuam conhecidas assim. Em geral, são lojas de bairro que vendem produtos baratos para casa e para uso pessoal. Sempre dá para fazer excelentes compras. Eu compro cestos, caixas, divisores de gavetas, capas para eletrodomésticos, potes, fruteiras, organizadores de bijuterias e uma série de outros acessórios. Vale a pena garimpar o que há perto de você e conversar com o proprietário. De repente, ele pode até encomendar produtos específicos de acordo com sua demanda.

- **Supermercado digital** – Loja on-line com muitos produtos para casa e decoração: <http://www.supermercado digital.com.br>.

- **Loja da OZ** – A Organize Sua Vida – OZ, que ministra cursos profissionalizantes na área de organização, também possui uma loja on-line que vende muitos produtos de organização. É referência na área e vende para todo o Brasil: <http://www.lojaoz.com.br>.

- **Tudo Organizado** – A loja já foi parceira do blog e vende muitos produtos organizadores em diversas categorias. Também vende on-line para todo o Brasil: <http://www.tudoorganizado.com.br>.

- **Revista da Avon Casa** – A Avon possui uma revistinha que não é para cosméticos, mas para produtos para casa e uso pessoal. Sempre traz muitos produtos legais para organização e com boas promoções. Dá para comprar em todo o Brasil pelo site ou consultando uma revendedora.

- **AliExpress** – Esse site é uma espécie de lojão da internet, que vende produtos de vendedores específicos (pessoas comuns) do mundo todo. Vale a pena testar e depois indicar, pois indicações são a base das boas compras no site. Dá para comprar de tudo e os produtos saem bem baratos, apesar de a entrega ser mais demorada (os produtos vêm de outros países, como a Coreia): <http://pt.aliexpress.com>.

- **Etna** – Assim como a Tok&Stok, a Etna é uma rede de lojas espalhada por todo o Brasil que vende móveis e produtos para casa, o que inclui organizadores. Além de produtos tradicionais (como caixas e cestos), possui produtos com inspiração oriental, como baús e móveis rústicos, que podem ser utilizados para organizar sua casa. Vende também on-line: <http://www.etna.com.br>.

- **Kalunga** – Rede de lojas com produtos para escritório, a Kalunga traz sempre muitas opções para organizar a casa. Caixas de entrada, porta-clipes, divisores de gavetas, pastas, caixas e muita, muita coisa mesmo. Acaba sendo um dos lugares a que mais gosto de ir para comprar produtos de organização, tamanha sua utilidade. Vende também on-line: <http://www.kalunga.com.br>.

- **Hipermercados** – Seja Carrefour, Extra, Sondas, Záffari, seja Walmart, todos sempre têm uma seção de produtos para casa, e costumo dar uma olhada quando faço compras. Dá para encontrar produtos organizadores de todos os tipos, mas principalmente aqueles mais convencionais: caixas, cestos, potes, ganchos.

- Saraiva – É uma grande rede de livrarias, mas comercializa também alguns produtos que podem ajudar na organização, como capas para tablets (eu uso para os mais diversos fins), pastas, porta-canetas, *post-its* diferentes, cadernos, agendas e outros. Vende também on-line: <http://www.saraiva.com.br>.

- Uatt – Rede de lojas com produtos fofos diversos. Dá para comprar acessórios para viagens, caixinhas, agendas diferentes, almofadas para notebooks, capas para tablets e chaveiros. Vende também on-line: <http://www.lojauatt.com.br>.

Para quem mora em São Paulo, algumas dicas específicas:

- Região da rua 25 de Março – Mesmo quem não mora em São Paulo já deve ter ouvido falar da rua 25 de Março, que é a maior região de comércio popular de São Paulo, com MUITAS lojas, vendedores ambulantes e galerias com produtos de toda a sorte sendo vendidos. Não há uma loja específica para produtos organizadores, mas consegue-se encontrar alguns deles fazendo um passeio geral. O que você pode encontrar lá: porta-bijuterias, organizadores de gavetas, potes, cestos, caixas de todos os tipos, muitos organizadores de acrílicos (para maquiagem, por exemplo), saquinhos de pano para usar em viagens e muito mais.

- **Daiso Japan** – É uma loja que vende produtos importados do Japão. Há bastante variedade, de produtos de papelaria a produtos para usar em casa. Bentôs, aquelas famosas marmitas japonesas, são vendidos lá, além de ganchinhos, pastas diferentes e outros produtos que facilitam a limpeza da casa, como suporte para esponjas e outros cacarecos úteis do tipo. Vale a visita! Possui dois endereços: rua Direita, 247 (Sé) e Shopping Boulevard Tatuapé (metrô Tatuapé).

- **Região da Liberdade** – O bairro da Liberdade é famoso em São Paulo pela feira aos domingos e pelas culturas japonesa e chinesa em cada canto. Há inúmeras lojas na região que vendem produtos organizadores diversos, porém voltados à decoração (caixinhas diferentes, mais decoradas, por exemplo). Uma das minhas preferidas é a Lucky Cat, uma loja pequena que fica na própria Praça da Liberdade e que sempre tem novidades, especialmente de papelaria.

- **Zara Home** – No Shopping Iguatemi JK, você encontra a versão casa da famosa rede de lojas espanhola, a Zara. Há produtos mais refinados e, apesar de não ter uma seção com produtos organizadores, dá para comprar alguns produtinhos para organizar sua casa e seu escritório. Vale o passeio, mas prepare o bolso.

- **Pedreira** – É uma cidade um pouco afastada, perto de Campinas, que é conhecida por vender muitos produtos de marcenaria e feitos em pedra (comprei meu criado-mudo lá por 60 reais). É realmente muito barato e dá para encontrar móveis e alguns produtos organizadores voltados para o lado mais artesanal, como porta-ovos, painéis para colocar papel-toalha, porta-bijuterias.

Como organizar cada cômodo

- Embu das Artes – Também é outra cidade, porém mais perto (dá para ir de ônibus). Também é conhecida pelo seu comércio mais artesanal e semelhante à Pedreira. Tire um dia inteiro para fazer o passeio, de preferência aos domingos, porque há uma feirinha local também.

Para móveis, vale a pena consultar marceneiros, que fazem orçamentos para produtos sob medida e, muitas vezes, são a melhor solução (e até mais barata). Você também pode procurar por móveis usados em sua cidade por meio de sites, como OLX e MercadoLivre.

Dicas para identificar bons produtos organizadores

- Os transparentes são os melhores, pois você consegue ver o que têm dentro. Se não quiser que seja transparente, compre em uma cor neutra. Nada pior que comprar três potes roxos lindos e nunca mais encontrar outro igual – e ter de comprar de outra cor.
- Prefira os produtos com formato quadrado ou retangular, que se encaixam em qualquer estante ou prateleira. Os formatos circulares ou ovais desperdiçam espaço.
- Se possível, opte por produtos que possam ser empilhados. Sempre vale a pena explorar o armazenamento vertical, mesmo que, no momento, você não o utilize.
- Produtos e móveis fechados garantem a limpeza e a proteção dos objetos armazenados durante mais tempo.
- Tenha as medidas da sua casa sempre com você. Dá trabalho fazer tudo de uma vez, mas vale a pena medir os cômodos, profundidade e largura dos móveis e por aí vai. Assim, você pode fazer compras certeiras.

Etiquetas e rótulos

Quando se fala em organização, etiquetas e rótulos logo nos vêm à mente. Poucas coisas simbolizam mais o ideal de uma casa organizada que caixas e pastas etiquetadas. Não estamos buscando o ideal aqui, mas muitas vezes as etiquetas nos ajudam a identificar o conteúdo de compartimentos fechados, além de deixar tudo mais bonito. Elas também são úteis para ajudar outras pessoas que moram conosco (até crianças) a se organizar e a manter tudo organizado.

Recomendo o uso de uma roduladora ou etiquetadora automática, que pode ser encontrada à venda em papelarias, como a Kalunga. Existem diversas marcas e modelos, todos similares. A vantagem é a praticidade, além de padronizar a letra impressa.

Caso não queira fazer esse investimento, utilize etiquetas autoadesivas comuns. Use para etiquetar caixas, pastas, potes, cestos, prateleiras e a maioria dos seus recursos de armazenamento dentro de casa. Algumas pessoas gostam até de colocar etiquetas em gavetas e prateleiras.

Organizando os pertences de outras pessoas

Organizar os pertences de outras pessoas é um assunto delicado. Acredito muito na autonomia de cada um ao falar sobre organização pessoal. Por isso, se você mora com outras pessoas, não pode obrigá-las a se organizarem, mas pode seguir algumas recomendações:

- **Dê o exemplo.** Ao ver o que você está fazendo e entendendo as suas razões (veja a lista de benefícios), fica mais fácil convencer marido, esposa, mãe, pai, filhos a entrarem na onda.

Como organizar cada cômodo 85

- Abra mão do perfeccionismo. É melhor uma louça lavada de um jeito que você não gosta do que ter de lavar a louça de todo mundo.

- Não brigue. Ataque o problema, não a bagunça. Observe os hábitos dos moradores da sua casa e busque soluções criativas de organização, em vez de brigar. Se organizar for mais fácil que bagunçar, ninguém vai bagunçar.

Organização não tem a ver com beleza, mas com funcionalidade. Se todo mundo deixa os sapatos na entrada da casa assim que chega da rua, adianta esbravejar e recolher estressado(a) os calçados para a sapateira? Ou será mais fácil colocar algo ali na entrada para que as pessoas guardem os sapatos?

Uma casa pode estar arrumada e não estar organizada. Você pode guardar toda a tralha em caixas, não ter ideia do que tem dentro, e passar a falsa sensação de organização. Você sabe que ela não está organizada, porque não funciona. Ter uma casa organizada não significa ter uma casa bonitinha, mas uma casa que funciona para os seus habitantes, onde ninguém se estressa porque não sabe onde está a chave, por exemplo, ou uma conta que deveria ter pago na semana passada. E isso não tem nada a ver com beleza.

Observe as pistas oferecidas pela bagunça. As chaves sempre são largadas em cima da mesa de jantar? Instale um porta-chaves antes de chegar até a mesa. Vai ser mais fácil colocar ali e ninguém briga por esse motivo. O chão do banheiro fica cheio de roupas sujas? Coloque um cesto. Simples.

Observando o pessoal, você verá como a bagunça é uma questão de hábito e de falta de opções. Todo mundo gosta de ter uma casa organizada, mas em 98% dos casos faz o que for mais fácil – torne o organizado a opção mais fácil. Seja criativo(a)!

Aprender a diferenciar aquilo pelo que vale a pena brigar do que não vale é uma arte. Todo mundo sabe disso, mas no dia a dia a gente acaba se perdendo porque ninguém tem tempo, todo mundo quer deitar na cama sem precisar tirar toalha molhada que foi deixada ali ou beber água sem precisar lavar um copo porque estão todos sujos. Eu *sei* que é difícil, mas é importante ter uma perspectiva geral.

Homens e mulheres, todos têm sua personalidade e alguns são mais bagunceiros que outros. É claro que isso é diferente de ter boa vontade e consideração. Avalie o que realmente o incomoda no dia a dia e trabalhe para mudar isso. Muitas vezes, observar os hábitos das pessoas que convivem com você e encontrar soluções rápidas é a melhor escolha, mesmo que o visual não fique tão bonito ou "arrumado".

E lembre-se: peça! Se mais de uma pessoa mora na casa, não tem motivo para somente uma fazer tudo – todos devem participar. Não desista disso.

Um papo sobre segurança

É muito importante, quando se fala sobre organização da casa, atentar para o fator segurança. Sua casa deve ser um lugar seguro, não apenas para evitar assaltos como para simplesmente garantir sua paz de espírito. Identifique soluções de segurança e aja com antecedência para evitar problemas futuros.

- Fechaduras – Reforce as fechaduras. Pode valer a pena ter uma corrente de porta e uma fechadura tetra para aumentar a segurança de cada entrada. Quem mora em casa, deve reforçar esses pontos.

Como organizar cada cômodo

- Secretária eletrônica – Nunca deixe mensagens que indiquem que você não está em casa. Em vez disso, deixe mensagens dizendo que não pode atender porque está ocupado.

- Check-in – Cuidado com os serviços de geolocalização do seu celular. Evite adicionar desconhecidos nesses aplicativos e desabilite essa função em suas redes sociais. Não poste informações sobre viagens em redes sociais, de modo geral. Deixe para postar quando estiver de volta.

- Nunca deixe estranhos sozinhos em casa – Como entregadores, instaladores, encanadores e outros profissionais pontuais. No geral, apenas pessoas de confiança devem entrar na sua casa.

- Deixe as chaves longe da porta e fora de vista – Pendure-as em um lugar que não seja acessível, caso alguém venha a inserir a mão pela janela, por exemplo.

- Tenha um cofre para guardar seu dinheiro – Caso sua casa seja invadida, dinheiro, joias e documentos importantes devem estar seguros dentro de um cofre.

- Evite incêndios – Nunca deixe velas acesas, fios elétricos embaixo de carpetes ou perto de papéis. Assegure-se de que os respiradouros dos eletrodomésticos e eletrônicos estejam sempre limpos para evitar o superaquecimento. Não use um único benjamim ou filtro de linha para múltiplos aparelhos ao mesmo tempo.

- Evite acidentes – Especialmente se você tiver bebês ou crianças pequenas, equipe sua casa com pequenas providências de segurança, como colocar cantoneiras em móveis e travas na geladeira, no vaso sanitário etc.

Se tiver portas de vidro em casa, coloque alguma sinalização para evitar trombadas. Fixe materiais emborrachados embaixo de tapetes para que eles não deslizem. Guarde facas e outros objetos pontiagudos longe do alcance das crianças, assim como medicamentos e produtos de limpeza. Instale barras de apoio, se tiver idosos na família.

- Monte um kit de primeiros socorros com o básico – Ataduras, esparadrapo, pomadas, bolsa térmica, luvas, gaze, álcool gel, sacos plásticos, tesoura, pinça, lanterna com pilhas extras.

Seu estilo de decoração influencia a organização

Nos últimos anos, percebi algumas coisas com relação à decoração e ao porquê de ser legal encontrar o próprio estilo para decorar:

- Não dá para ficar fazendo aquisições permanentes caras no imóvel alugado em que você mora, a não ser que seja descontado no valor mensal. Contudo, mesmo assim, acho que isso só vale para aquisições práticas, como instalar as portas do boxe ou fechar a varanda com vidro. Não vale a pena, por exemplo, trocar o piso ou instalar um painel de parede que vai servir somente nessa residência. Entretanto, aquisições precisam ser feitas. Como saber no que investir e no que não investir?

- Ter um estilo de decoração pode ajudá-lo a fazer boas compras para sua casa, além de constatar o que pode ser comprado "mais baratinho" (ou sem caracterizar um investimento). Você conhece seu estilo e pode comprar uma cadeira que tenha a ver com ele, fazendo um investimento, pois poderá tê-la para sempre com você, mesmo se mudar de casa muitas vezes. Você não precisa pagar caro por um guarda-roupa, por exemplo, que pode precisar ser vendido quando você se mudar e já tiver um guarda-roupa embutido no local. Como saber quais são os objetos que você vai querer para sempre?

Também notei que, enquanto eu não tinha um estilo de decoração muito definido, ficava mais confusa ao fazer compras para minha casa. Eu acabava comprando algo pelo gosto pessoal, mas nem sempre um objeto combinava com o outro, e mesmo a mistura de estilos deve ter uma ordenação para ficar legal. Havia muita coisa que eu achava linda também mas que, na prática, não tinha nada a ver comigo. Eu estava perdida.

No decorrer dos anos, então, eu fiquei em busca do meu estilo de decoração, observando o que eu gostava mais e tendo isso como referência. O Pinterest (http://www.pinterest.com) foi muito útil, porque, quando você começa a alimentar seu canal com bastante conteúdo, aquilo vira um grande álbum de referências que você pode sempre consultar e se inspirar.

Então, quando eu escolhia alguma imagem relacionada a decoração, eu me obrigava a pensar: Por que eu gosto desta imagem? É a disposição do sofá ou são simplesmente as cores? Será que não é apenas a luz do ambiente que me agrada? Perguntas simples como essas me fizeram pensar sobre o que eu realmente gostava.

Deu muito certo porque comecei a ver que meu marido e eu tínhamos muitos gostos em comum (e outros não, mas faz parte!). Então, começamos a prestar atenção nas referências que tínhamos em comum para pensarmos no que seria legal fazer em casa. Chegamos a algumas palavras-chave: industrial, rústico, urbano, contemporâneo, *vintage*. Alguns termos parecem se contradizer, porém, de algum modo, expressam o que consideramos nosso estilo de decoração preferido.

Isso também se reflete nos materiais de que mais gostamos, que são: madeira, concreto, metais, vidro, tecidos naturais.

Além dos materiais, observamos também as cores de que mais gostávamos ao comprar algo para nossa casa: preto, branco, cinza, metais no geral, tons terrosos.

Com base nessas informações, começamos a apurar melhor o que gostaríamos de fazer e ter em casa. Isso foi bom para não comprarmos e gastarmos dinheiro à toa. Também nos ajuda a ter um lar que nos agrada e nos deixa feliz.

Estou compartilhando isso com vocês porque notei que, depois que nosso estilo ficou claro, passamos a fazer aquisições mais certeiras e a economizar também, porque pudemos buscar referências de transformações de objetos, por exemplo.

Não é para sair comprando e gastando só porque descobriu seu estilo de decoração. Não! A ideia é que sempre que precisar comprar algo, você tenha uma referência e a escolha se torne mais fácil, mais certeira. Além disso, quando você precisar encontrar soluções, ter um estilo pessoal pode ajudá-lo(a) a reaproveitar objetos existentes em sua casa e que provavelmente foram comprados porque, no fundo, você sabe do que gosta.

E vale lembrar que a decoração da casa expressa nossa personalidade, assim como a expressamos nas roupas que usamos, por exemplo. Construir esse estilo pessoal é trabalho de uma vida inteira; porém, quando você sente que entrou no caminho certo, o restante fica mais tranquilo e direcionado. Eu me sinto à vontade no dia a dia porque sei que estou sendo autêntica até nas coisas materiais do cotidiano.

Como organizar cada cômodo   91

Dicas específicas para todos os cômodos

A partir deste ponto, veremos dicas específicas para organizar cada cômodo da nossa casa.

A organização por cômodos facilita o processo, pois você pode trabalhar em um cômodo por vez e também ter sempre em vista seus objetivos para cada um deles.

No livro, você encontrará muitas dicas pontuais em formato de texto. Para acessar imagens que reflitam o que mostro aqui, acesse o canal do Vida Organizada no Pinterest, no qual guardo muitas imagens demonstrativas: <http://pinterest.com/vidaorganizada>.

Esta parte do livro foi dividida da seguinte maneira:

- Áreas comuns a todas as casas.
- Áreas específicas.
- Armazenamento.

Este livro tem um foco muito maior no processo de organização que em dicas pontuais cômodo a cômodo em si. Para isso, existe uma vasta bibliografia no mercado. Nós procuramos nos concentrar em algumas dicas pontuais neste capítulo que não costumam ser vistas em outros lugares.

Áreas comuns

ENTRADA

- **Quando falamos em entrada de casa,** não estamos nos referindo a um cômodo específico, apesar de algumas casas possuírem esse espaço. Estamos falando da área de entrada.

- **A entrada de casa é o filtro do que entra.** O que passa dela, entra definitivamente no nosso lar. E ela precisa atender bem a nossa saída, deixando organizados todos os itens dos quais precisaremos fora de casa.

- **Um simples aparador resolve? Resolve.** É o suficiente? Depende. Ter um aparador é importante para delimitar a área da entrada, mas ele pode servir mais à decoração do que à praticidade em si. No entanto, nem só de aparadores vivem as entradas: você pode utilizar um banco (para se sentar e colocar os sapatos, ou mesmo para colocar as compras quando chegar da rua), cabides de parede (para bolsa, mochila, casaco, boné), pufes, cestos, prateleiras, enfim, use sua criatividade! Muitas entradas são minúsculas e, quando muito, têm 50 centímetros de parede, que precisa ter seu espaço vertical aproveitado. O importante é encontrar a solução de acordo com o ambiente que você tem.

- **Pode valer a pena** pendurar um espelho para dar uma última verificada no visual antes de sair de casa.

- **Tenha também um porta-canetas** e um bloquinho para anotações de última hora (ou *post-its*).

- **Coloque um capacho** do lado de fora para evitar que a sujeira entre na sua casa.

- **Se possível, deixe um espaço** para que as pessoas depositem seus sapatos quando chegarem, para evitar espalhar a sujeira da rua pela casa. Você pode bater a sola dos sapatos na área de serviço depois e guardá-los no lugar certo. Se tiver espaço, deixe um cesto com chinelos e pantufas para calçar assim que entrar em casa.

Como organizar cada cômodo 93

- Providencie uma cesta ou caixa para cada membro da família colocar seus pertences quando chegar da rua – carteira, celular, crachá.
- Instale um relógio que possa ser visto de diversos pontos da casa.
- Pode valer a pena colocar um calendário da família na parede, com as datas mais importantes (eventos ao longo da semana, viagens).
- Tenha uma caixa de entrada para colocar todos os papéis que chegam da rua. O importante sobre a entrada é saber que tudo o que entra ali deve ser transitório e devidamente processado depois, no mesmo dia, quando você já estiver mais tranquila.
- Tenha um porta-chaves que faça sentido para a família.
- Se houver tomada e espaço, você pode ter ali uma central com os carregadores de celulares. Deixe-os dentro de uma caixa bonita ou gaveta, enrolados de maneira ordenada.
- Ter um porta-guarda-chuvas facilita bastante. Ele é vendido em lojas, como Etna e Tok&Stok, mas você pode usar até um balde alto ou uma lixeira, se for possível. Coloque um compartimento ou um pano embaixo do porta-guarda-chuvas para não molhar o piso.
- Há os tradicionais ganchos de parede ou mancebos para pendurar as bolsas e mochilas, mas muitas pessoas não gostam do efeito bagunça que causam. Se o espaço for grande, pode valer a pena ter um gancho para cada pessoa.

94   Casa organizada

- Muitas vezes, chegamos com compras e precisamos ter um lugar para colocá-las que não seja o chão. Se você tiver espaço, pode querer colocar um banco de madeira que, além de servir de apoio às compras, também pode servir para amarrar sapatos quando for sair, por exemplo.

- Você também pode ter uma caixa para guardar itens de frio, como luvas, toucas e cachecóis, ou mesmo de calor, como bonés.

Dicas para manter a entrada de casa sempre limpa

- Tenha um capacho áspero do lado de fora da porta e um de nylon dentro. Passe o aspirador neles com uma boa frequência (ao menos uma vez por semana), pois além de mantê-los limpos, aumenta a durabilidade das fibras.

- Coloque uma base de borracha ou de madeira onde as pessoas colocarão os sapatos. Isso pode ser muito útil em época de chuvas.

- Se você mora em uma região rural, pode ser interessante ter um daqueles raspadores de sapato na entrada (muito comum em casas no interior).

- Tenha um porta-guarda-chuvas para que as pessoas não passem com o artefato pingando e ainda por cima pisando no chão molhado (dói só de pensar).

- Se tiver cachorros, invista em luvinhas para ir para a rua. Parece frescura, mas é muito séria a quantidade de sujeiras que eles trazem. Habitue-se a deixar uma toalhinha na entrada para limpar as patinhas deles, caso tenham saído sem luvas.

Como organizar cada cômodo

COZINHA

A voz da experiência diz que, se a cozinha está suja, toda a casa fica suja. A verdade é que você prepara alimentos ali, então deve tomar muito mais cuidado com a limpeza desse cômodo.

A cozinha não é mais o lugar da casa em que apenas se faz comida, mas um lugar de encontro da família. Porque afinal, quem tem tempo de ficar na sala, conversando, hoje em dia? Todos acabam se encontrando na cozinha pela manhã ou à noite, nem que seja para compartilhar alguns minutos enquanto tomam uma xícara de café. Sendo assim, pense nesse novo uso da cozinha: faça dela um ambiente confortável para todos.

- **Explore prateleiras.** Não se atenha aos armários planejados convencionais – olhe para cada canto da sua cozinha e veja onde é possível instalar prateleiras. Quanto mais espaço para armazenamento (especialmente nas cozinhas minúsculas atuais), melhor.

- **Tenha áreas de trabalho.** Uma forma prática de organizar a cozinha é dividi-la pelas áreas de trabalho. Você pode ter um local para cortar legumes e preparar a comida, por exemplo, e deixar tudo perto: facas, tábuas etc. Também pode ter um local em que prepara o café todas as manhãs, com cafeteira, canecas, filtros e por aí vai. Dessa forma, você deixa por perto tudo o que precisar para cada atividade. Eu recomendo ter a área de corte sempre livre para o preparo das refeições. Não existe nada pior que falta de espaço para cortar os alimentos!

- **Utilize ganchos no alto.** Se possível, pendure utensílios e panelas no teto e nas paredes. Quanto menos espaço horizontal você conseguir utilizar, melhor, pois deixará o horizontal disponível para o uso diário, e não para o armazenamento.

- **Cestos e bandejas.** Utilize-os para guardar objetos menores ou agrupar itens semelhantes, como livros.

- **Toalha de mão.** Costumamos sempre ter um ganchinho para o pano de prato, porém, apesar de ser um detalhe básico, não são todas as cozinhas que têm um ganchinho para a toalha de mão. Afinal, é onde você mais pode utilizá-la. Pare agora mesmo de enxugar suas mãos no pano de prato!

- **Transparências.** Sempre que possível, utilize recipientes transparentes para armazenar alimentos. Além de possibilitar a visualização imediata do conteúdo e da quantidade interna, é visualmente mais agradável.

- **Gavetas mais amplas.** Se estiver montando sua cozinha agora, priorize gavetas amplas nos armários. Elas possibilitam uma organização melhor porque nelas cabem mais coisas e os utensílios não ficam uns sobre os outros.

- **Priorize os objetos de uso diário.** Tudo o que é usado diariamente deve ficar bem acessível. Isso inclui panelas, pratos, copos, talheres, facas de corte, panos de prato etc. Tenho certeza de que você guarda algumas dessas coisas em um lugar que não é de fácil manuseio e fica se perguntando por que se irrita tanto quando está na cozinha.

- **Janela perto da pia.** Se possível, instale a pia da cozinha perto da janela, pois assim você conseguirá enxergar melhor o que está lavando.

Como organizar cada cômodo

- Lixeira com pedal, sempre. É inevitável ter uma lixeira na cozinha. Então, opte sempre por uma que tenha pedal. Inadmissível é abrir a tampa com as mãos enquanto está cozinhando. Regra de higiene básica.

- Escadinha. Tenha uma escadinha de três andares dobrável guardada embaixo do armário da cozinha, pois você sempre pode precisar dela. Se sua cozinha é colada com a área de serviço, você pode guardar uma escada multiuso (e maior) lá mesmo.

- Carrinho com utensílios de mesa. Se sua cozinha for grande e permitir essa pequena extravagância, ter um carrinho com o que se usa na mesa ajuda bastante a organizar a hora das refeições.

- Potes transparentes com ração. Se você tiver mais de um animal de estimação em casa, organize suas rações em potes transparentes tampados e etiquetados com o nome de cada um. Deixe uma canequinha de plástico dentro para servir seus bichinhos de forma mais fácil.

- Não mantenha no freezer alimentos congelados por mais de um ano. Se seu freezer não tiver prateleiras, use cestos plásticos para setorizar os alimentos. Deixe juntos alimentos parecidos, como carnes, vegetais, sobremesas. Sempre guarde as compras mais recentes atrás das mais antigas.

- Destralhe sua gaveta de talheres, deixando ali somente os utensílios que usa no dia a dia. Guarde o restante em um local menos acessível. Isso evitará que alguns itens atrapalhem diariamente.

98   Casa organizada

Algumas regras de ouro para guardar tudo na sua cozinha

Toda cozinha tem "amigos fiéis": aqueles itens que você utiliza sempre, muitas vezes todos os dias. Esses itens devem estar sempre à mão, de maneira fácil e ágil. Eis alguns deles:

- Panelas.
- Pratos.
- Talheres.
- Copos.
- Canecas.
- Facas.
- Tábuas de cortar.
- Abridor de latas.

E onde colocá-los? Ora, nas áreas mais fáceis de alcançar: bancadas, a parte de cima das prateleiras dos armários, gavetas de cima e parte da frente das gavetas inferiores.

Itens que você usa bastante, mas não todos os dias, entram aqui. São coisas como:

- Ralador.
- Peneira.
- Panela de pressão.
- Formas.
- Tigelas.

Onde colocá-los? Nas prateleiras mais altas ou mais baixas, áreas no fundo das gavetas... enfim, lugares que você precisa se esticar um pouco para pegar, mas ainda assim acessíveis.

Como organizar cada cômodo

Itens que você usa raramente, em geral aqueles sazonais, misteriosos, trabalhosos ou de uso específico, como:

- Máquina de macarrão.
- Cortador de batatas.
- Formas de biscoito.
- Louças para festas.
- Travessas enormes.
- Panelões.
- Potes para geleia.

Onde colocá-los? Todos esses itens são candidatos a doações para amigos e parentes que farão melhor uso do que você. Todavia, se eles foram utilizados pelo menos uma vez no último ano, então vale a pena guardá-los no fundo dos armários, no armário que fica em cima da geladeira e em outros lugares obscuros que você conhece muito bem – são aqueles em que você raramente vai mexer.

Para organizar uma cozinha pequena

Não há segredo: deve-se ter somente o necessário. Nada mais, nada menos. Tem de se conformar que não dá para manter louça que não se usa (vale mais a pena alugar nas raras ocasiões em que receber convidados) ou utensílios que sequer se sabe o que significam.

Outra dica prática é separar a cozinha por áreas de atividade. Um canto para preparar alimentos, no qual ficarão as facas e as tábuas de corte, assim como um canto para fazer café, com cafeteira, garrafa térmica, xícaras, e assim por diante. Setorizar a cozinha é a melhor maneira de organizá-la.

Também é fundamental ter fácil acesso aos itens de uso diário. Superfícies, suportes na parede, primeiras gavetas e prateleiras na altura dos olhos são os melhores lugares para depositá-los.

O parâmetro é: se você se irrita para pegar alguma coisa, ela está no lugar errado. Veja como pode melhorar. Antes de lamentar o pouco espaço que tem na cozinha, procure soluções diversas. Olhe para as paredes, para os pequenos espaços que podem ser aproveitados. Você pode pendurar panelas no teto, instalar ganchos, embutir eletrodomésticos, instalar prateleiras, móveis de canto etc.

Se o imóvel for seu, dá para pensar no longo prazo e buscar a melhor solução possível. Se for alugado, basta encontrar alternativas que possam acompanhar você, como ganchos e móveis avulsos. De qualquer forma, dá para contornar a situação se você não tiver muita coisa para guardar.

Sempre privilegie o que você usa no dia a dia e questione a posse de objetos que não usa muito, como batedeiras e quilos de potes de plástico. Às vezes, eles não valem o espaço que ocupam.

Ingredientes para ter sempre em casa e facilitar o preparo das refeições

Uma das lições do Jamie Oliver, de que eu sempre me lembro, é sobre a qualidade dos ingredientes. Em um de seus livros, ele aborda a importância de ter bons ingredientes, porque assim nenhuma comida preparada pode ficar ruim. Como ele foi criado "em escola italiana" para comida, sei que esse é um dos preceitos. Eleger seus ingredientes preferidos significa tê-los sempre em casa (são os nossos "básicos") e da melhor qualidade possível.

Como organizar cada cômodo

Missão para você: eleja os ingredientes básicos da sua cozinha e veja se não está gastando com outros ingredientes não tão necessários, em vez de ter sempre em casa aqueles de que mais gosta e que fazem diferença no seu dia a dia, para transformar aquele prato básico em algo mais especial.

A seguir, há uma lista do que pode ser considerado essencial para sua cozinha:

- Uma geladeira que atenda às necessidades básicas da família (tamanho) e que economize energia.
- Um fogão que também atenda às suas necessidades (veja se precisa de um de piso ou um *cooktop*).
- Um jogo de panelas básicas.
- Uma frigideira funda.
- Uma boa faca do chef.
- Uma tábua de cortar alimentos.
- Algumas colheres de madeira.
- Pelo menos, uma panela grande (pode ser uma espagueteira).
- Uma panela de pressão.
- Potes para mantimentos.
- Um liquidificador com processador de alimentos.
- Uma faca de pão.
- Uma tesoura de cozinha.
- Uma pedra de afiar.
- Um jogo de talheres.
- Pratos rasos, fundos e de sobremesa (na quantidade necessária para sua família).
- Copos (na quantidade necessária para sua família).
- Um abridor de latas.

102   Casa organizada

- Um abridor de garrafas (que também seja saca-rolhas).
- Fósforos.
- Uma escumadeira de plástico (para não riscar as panelas antiaderentes).
- Uma assadeira.
- Jogo de potes de plástico de diversos tamanhos.
- Uma tigela de vidro.
- Canecas.

O restante é muito pessoal. Você pode querer uma batedeira, se for uma boleira de mão-cheia, ou querer um daqueles cabideiros de panelas que ficam no teto. No entanto, o essencial para sua primeira cozinha está aí. Você também pode querer ter um forno ou micro-ondas.

Como organizar a geladeira

Saber como organizar a geladeira é indispensável, porque estamos falando dos alimentos que vamos ingerir, ou seja, de nossa saúde. Muitas pessoas não sabem como organizar seus alimentos na geladeira e acabam perdendo-os mais depressa. Se for esse o seu caso, confira a seguir algumas dicas para organizá-la.

- Tire tudo de dentro da geladeira para poder limpá-la.
- Descarte os alimentos vencidos ou estragados.
- Pequenas sobras de comida podem ser armazenadas em potes de plástico ou de vidro. Prefira os transparentes e em formato quadrado ou retangular, que se encaixam nos cantos. Guarde as sobras próximas para facilitar a visualização no dia a dia e não desperdiçar.

Como organizar cada cômodo

- **Carnes devem ser guardadas** no congelador ou no lugar mais frio da geladeira, se o consumo for no mesmo dia. Nunca lave as carnes.
- **A gaveta grande** da geladeira serve para manter legumes e verduras frescos. Procure manter esses alimentos em saquinhos, pois aumenta a durabilidade e ainda mantém a gaveta limpa.
- **Somente as frutas maduras** ou já cortadas devem ser guardadas na geladeira. O restante pode permanecer em temperatura ambiente.
- **Na porta, dê preferência** para bebidas e a todos os mantimentos que forem armazenados em garrafas ou potes.
- **Ovos não podem** ser guardados na porta, pois estragam com mais rapidez.
- **Procure etiquetar** todos os alimentos guardados em potes de plástico ou vidro, tanto na geladeira quanto no congelador. É interessante colocar também a data de validade em cada uma das etiquetas. Existem etiquetas reaproveitáveis vendidas em lojas de produtos organizadores.
- **Você pode usar** cestos de plástico para setorizar os alimentos na geladeira, se as prateleiras forem grandes.
- **Quem tem crianças** em casa pode ter uma cestinha para lanches e petiscos na altura dos pequenos, para que eles mesmos tenham acesso.
- **Você também pode** ter uma cestinha para artigos do café da manhã, assim, quando arrumar a mesa, basta pegá-la com tudo dentro.

104 Casa organizada

Tome cuidado para não sobrecarregar a geladeira, pois o ar precisa circular. Por esse motivo, evite colocar toalhinhas e outros tipos de obstruções nas prateleiras.

Veja o tempo de vida (durabilidade) de cada alimento:

Peixe – 1 dia.

Frango – 2 dias.

Carne – 1 a 2 dias.

Salsichas e bacon – 7 dias após a abertura.

Sopas e carnes cozidas – 3 a 4 dias.

Maionese industrializada – 2 meses depois de aberta.

Frios – 3 dias.

Ovos – 15 a 30 dias.

Sobras – 1 a 2 dias.

Leite – 2 dias.

Doces – 3 dias.

Legumes e frutas – 3 a 7 dias.

Verduras e temperos – 2 a 3 dias.

Molhos – 20 a 30 dias.

Organizar direitinho a geladeira faz com que você economize dinheiro e não desperdice alimentos.

SALA

A sala costuma ser um dos maiores cômodos da casa e, de modo geral, deve ser utilizada para a principal função da casa – por isso se chama sala "de estar". Para que serve "estar" na sua casa? Se o principal objetivo de "estar" na sua casa for trabalhar, será que não vale a pena montar o home-office na sala? Se o principal objetivo for assistir à TV, monte sua sala de cinema particular. Se o principal objetivo for receber amigos e família, tenha lugares para todos se acomodarem. E por aí vai.

Como organizar cada cômodo

- Se você vê bastante TV, ela deve ocupar um lugar de destaque na sala, proporcionando uma vista boa de todos os lugares. Para economizar espaço, você pode montá-la na parede. Se você não a utiliza muito, ela pode ficar guardada dentro de um armário.

- CDs e DVDs ocupam muito espaço e, se você não tiver uma prateleira adequada para eles, talvez valha a pena se desfazer das caixas de plástico e guardá-los em saquinhos junto com o encarte. Assim, eles caberão em uma gaveta do rack e não ocuparão tanto espaço.

- Organize os fios com arames, elásticos ou produtos especializados. Não deixe os fios soltos, empoeirando, enrolando e bagunçando tudo. Aproveite para etiquetar cada cabo próximo à tomada, para saber o que está ligado ali.

- Escolha um lugar para deixar todos os controles remotos. Não importa se será um cestinho na mesa lateral, um daqueles bolsos que se encaixam no braço do sofá ou simplesmente em determinado lugar do rack – o importante é estabelecer um lugar fixo para nunca mais perdê-los.

- No inverno, é bom deixar sempre uma manta dobrada sobre o encosto do sofá, para que você não tenha de se levantar quando estiver vendo TV e sentir aquele friozinho.

- Sempre é melhor pendurar fotos com molduras nas paredes do que deixar as mesas cheias de porta-retratos empoeirando e ocupando espaço.

- Opte por mesas de centro que podem ser usadas como banco, por exemplo, ou mesas laterais que guardam um pufe embaixo, especialmente se sua sala for pequena. A mesa de centro também pode ser um baú que proporcionará mais espaço de armazenamento.

- Coloque as revistas de leitura corrente (como a revista com a programação da TV a cabo) em um cesto próximo ao sofá.

- Se tem crianças pequenas, providencie telas para as janelas e/ou a varanda. Também pode valer a pena ter um cesto ou uma caixa com os brinquedos mais usados.

BANHEIRO

O banheiro deve ser organizado de maneira bastante funcional, especialmente porque costuma ser um dos menores cômodos da casa. A ideia é aproveitar todos os espaços.

- Produtos e itens de uso diário devem ficar mais à mão; eles devem ter prioridade para tornar o dia a dia mais prático. Parece óbvio, mas todos(as) nós caímos no mesmo erro. Pasta, escova de dentes, xampu, pente, aparelho de barbear, desodorante, toalha, papel higiênico – coloque-os na bancada da pia, em cabides de parede, em organizadores presos à parede, no armário do espelho ou no armário mais à mão. Se você usa um item somente uma vez por semana ou uma vez por mês, ele não deve ficar atrapalhando os itens diários. Alguns deles são os acessórios para fazer as unhas, o secador de cabelos, os cremes esfoliantes e outros do tipo. Itens usados esporadicamente podem ficar em caixas em cima de prateleiras, na última gaveta ou no fundo do armário.

Como organizar cada cômodo 107

- **Sempre que possível, armazene no banheiro o que é utilizado no banheiro:** sabonetes, toalhas, pastas de dente. Nada mais amador que faltar papel, por exemplo. Se você não puder armazenar essas coisas no banheiro, mantenha uma rotina de manutenção – verifique todos os dias a quantidade nos frascos (sabonete líquido, xampu, condicionador, creme), os sabonetes, o papel e as toalhas. Troque quando necessário.

- **Procure utilizar o espaço vertical do banheiro** instalando prateleiras em cima da porta (para colocar toalhas ou caixas com itens diversos dentro) ou nichos sobre o vaso (para colocar seus cosméticos). Só tome cuidado para não furar a parede com canos.

- **Cestinhos são excelentes no banheiro!** Você pode montar um kit para banho, em vez de sempre levar para o chuveiro as coisas na mão. Uma alternativa é montar um cestinho em cima da pia com os produtos usados diariamente, como desodorante, pente etc. Cestos maiores podem ser utilizados para colocar a roupa suja.

- **Amostra grátis antiga?** Jogue fora. Cosmético vencido, nem preciso dizer. Pote vazio? Tchau. O tempo médio de uso de produtos líquidos é de 6 a 12 meses. Fique atenta aos seus e, na dúvida, não os utilize mais, jogue-os fora. Maquiagem vencida, por exemplo, pode causar infecções graves, especialmente nos olhos. Por isso, é importante ter poucas coisas – você aproveita mais, nada se estraga, e ainda gasta menos.

- **Se tiver um canto livre dentro do boxe**, instale prateleiras para guardar objetos e produtos utilizados no banho. Cuidado para não instalar no canto das torneiras, para não atrapalhar seus movimentos.

108   Casa organizada

- **Uma solução para a área do chuveiro.** Pode ser uma cortina de plástico colorida ou a instalação de um boxe. Vai da preferência e da quantidade de dinheiro disponível. Obviamente, instalar um boxe é uma solução que compensa em longo prazo. O que não dá é deixar a água espirrando para todos os lados.

- **Um recipiente para colocar escovas e pasta de dente.** Um copo com tampa próprio para esta finalidade é a melhor opção tanto para quem tem armário quanto para quem não tem, pois evita poeira. É um item fácil de encontrar em supermercados e lojas de itens para casa.

- **Uma lixeira.** Não complique muito aqui – vá de acordo com seu gosto. Tem gente que gosta de tampa sem pedal, outros com pedal, outros sem tampa mesmo (só o cesto). O importante é ter uma lixeira ao lado do vaso sanitário e, se o espaço permitir, uma para o lixo geral (embalagens etc.).

- **Toalha de piso.** É importante ter um lugar quentinho para pisar depois do banho. Se você não quer colocar um tapete, coloque uma toalha de piso ou mesmo uma toalha normal dobrada, por enquanto. Também serve para enxugar os respingos que podem cair para fora do boxe.

- **Produtos de limpeza.** Deixe o que for de limpeza do banheiro no banheiro. Para que deixar na área de serviço, se você precisa ter sempre por perto para limpar? Acomode-os no gabinete ou em um cesto de plástico, sempre longe do alcance das crianças e dos animais de estimação, se os tiver.

Como organizar cada cômodo 109

- Soluções de armazenamento. Mesmo nos menores banheiros, é possível pensar em alternativas viáveis. Que tal uma prateleira acima da porta, por exemplo?
- Boas toalhas de banho. Não economize aqui. Compre toalhas fofas, que abracem a pele ao sair do banho. Vale a pena prezar qualidade em detrimento da quantidade.
- Sabonetes cheirosos. A vida é curta para usar sabonetes ruins. Uma economia de centavos pode fazer muita diferença no seu humor diário.
- Uma boa luz. Iluminação é o que transforma qualquer ambiente. Veja o que você tem (a luz da janela durante o dia) e procure soluções para o período noturno. Uma luz em cima do espelho pode ser uma boa solução, assim como iluminação indireta na região do chuveiro.
- Um espelho bacana. Você vai olhar para ele todos os dias. Escolha algo que agrade visualmente (além da sua própria imagem). Você pode instalar um espelho com armário para ter mais espaço de armazenamento. Avalie a melhor solução para o seu caso.
- Toalhas de mão. Essenciais e precisam estar sempre secas. Tenha um bom estoque e guarde-as no próprio banheiro. Troque-as quando estiverem muito úmidas, também pela questão da higiene.
- Um pote de lencinhos umedecidos. Você nunca sabe quando pode precisar. Serve para diversas ocasiões.
- Algo para guardar a roupa suja. Não adianta fugir do óbvio – é no banheiro onde as roupas sujas são tiradas do corpo. Providencie um cesto ou recipiente para guardá-las, nem que seja tão pequeno a ponto de você precisar levá-lo para a área de serviço diariamente.

- **Sem dúvida**, as flores dão um *up* em qualquer ambiente. No banheiro, porém, elas trazem vitalidade a um ambiente associado a renovação. Uma planta grande também pode fazer diferença, mas em geral um vasinho com uma flor simpática já dá outra cara para o cômodo.

- **Atualmente, as velas aromáticas** podem ser encontradas em qualquer loja de decoração. Há muitos artesãos fabricando e vendendo em feiras locais ou pela internet (incentive!). O fato é que as velas perfumadas podem ser acendidas toda vez que você for tomar banho, por exemplo, ou em momentos diversos durante o dia, para manter o banheiro sempre cheiroso. Vale a pena ter.

- **Pedras rústicas, cristais e gemas brasileiras** podem ser usadas na decoração, como dentro de um vaso de vidro transparente. Além do aspecto estético, pedras possuem propriedades energéticas e podem ser usadas para esse fim.

- **Quando for comprar roupa de banho**, compre toalhas de tecidos naturais e, de preferência, de cores leves, para trazer tranquilidade ao ambiente. Quanto menos tinta, mais suave é o tecido também.

- **Mantenha a janela do banheiro aberta** sempre que possível, para fazer o ar circular.

- **Com pequenas ações no dia a dia**, você mantém o banheiro limpo. Fazer uma limpeza superficial na pia após escovar os dentes requer pouquíssimo tempo, assim como passar uma buchinha no boxe enquanto toma banho. Essas pequenas atitudes vão manter seu banheiro limpo e fazer com que acumule muito menos sujeira.

Como organizar cada cômodo

- Não guarde medicamentos e artigos para maquiagem no banheiro, se possível, pois a umidade pode fazer com que pereçam mais rapidamente.

QUARTO

Sou da opinião de que uma casa confortável deve receber um investimento justo em três itens: um chuveiro relaxante, um sofá gostoso e uma cama ideal. A cama é ainda mais importante, porque precisamos dormir bem para aguentar o dia a dia, que costuma ser muito cansativo. Não economize no colchão e escolha aquele que lhe parece perfeito à primeira deitada.

Apesar de muitos pensarem em guarda-roupas ou *closet*, eles não são as únicas opções. Uma cômoda antiga restaurada pode ser suficiente, além de prateleiras e um pequeno armário para camisas e vestidos. Pense na melhor solução para você em termos de espaço e praticidade.

Nada mantém um quarto aconchegante se ele não estiver limpo e organizado. Você não precisa fazer muito: apenas garanta todos os dias que a cama esteja arrumada, os objetos guardados em seus lugares e o chão varrido.

Muita gente está acostumada a ter uma TV no quarto para assistir a um filme antes de dormir, ou deixá-la ligada com o *timer*, para que ela desligue sozinha. Eu mesma fazia isso, antes de ter um filho. Quando ele nasceu, uma das primeiras providências foi tirar a TV do quarto, pois eu percebi que estava perturbando muito meu sono. Acho que, quanto mais aparelhos eletrônicos, mais "elétricos" ficamos. Assim, tirei não só a TV como tudo o que poderia atrapalhar (som, carregadores de celular etc.). Meu sono não ficou melhor apenas por isso, mas fez uma diferença enorme. Agora, meu quarto é o lugar onde vou relaxar para dormir, e não um lugar agitado por causa da TV.

112   Casa organizada

É muito mais difícil manter arrumada uma cama que tem edredom, capa de edredom, saia, mil almofadas, manta... Facilite! Diminua ao mínimo possível e priorize qualidade. Se você tem um lençol de elástico que "arranha" a pele, troque por um de malha de algodão, por exemplo. Eu sei, às vezes pensamos mais na decoração e queremos deixar o quarto lindo, mas ele também pode ser bonito de forma mais simples, além de descomplicar sua vida.

Uma coisa é ter velas aromáticas ou borrifar essência de lavanda de vez em quando. Outra completamente diferente é ter frascos de diversos perfumes, cremes, incensos e outras fragrâncias misturados no mesmo ambiente. Você pode não perceber, mas seu olfato percebe.

Tenha sempre um copo, uma moringa ou mesmo uma garrafinha de água mineral – o importante é que esse segredinho esteja ao seu lado na hora de dormir e de acordar. Se acordar com sede, não precisa se levantar e ir até a cozinha para beber água. Além disso, você mantém seu corpo hidratado ao beber água pela manhã.

Esta técnica eu aprendi quando meu bebê nasceu: utilizar um barulho estático para quebrar os ruídos que vêm de fora, como carros buzinando ou pessoas gritando na rua. Você pode utilizar um daqueles CDs de sons de chuva (eu não gosto) ou deixar o ventilador ligado. Aquele som único faz seu cérebro desligar de ruídos mais fortes e proporciona um sono mais tranquilo. Se estiver frio e você utilizar o ventilador, deixe-o virado para a parede ou para a janela. Eu sei que esse item contraria o que eu falo sobre eletricidade, mas se você tem sono leve e desperta muito com barulhos da rua, pode ser uma solução.

Um travesseiro ruim pode não só acabar com a sua noite, como com a sua coluna. Escolha bons travesseiros e em quantidade suficiente para apoiar a cabeça, a barriga (eu gosto de

Como organizar cada cômodo 113

dormir com um travesseiro encostado na barriga, dando apoio para o meu corpo, por exemplo), para colocar entre as pernas, ou mesmo embaixo delas, suspendendo os pés. Existem diversas formas de utilizar os travesseiros para deixá-lo(a) mais confortável, portanto, explore-as.

Tem gente que só consegue dormir com um abajur aceso e outras que não conseguem dormir se as luzes não estiverem apagadas. Descubra o que funciona para você. Se você é solteiro, isso é mais fácil. Se for casado, a dica é usar uma daquelas máscaras de dormir, que vedam os olhos, se você gosta de escuridão total e seu companheiro (ou companheira) prefere uma luzinha acesa.

Se, ao acordar, você vir algo que não lhe agrada (um quadro de flores que já deu, ou um vaso feio), está na hora de substituir. Deixe no quarto apenas itens agradáveis na decoração, nem que seja uma foto da sua família. Encontre o que funciona para você.

As flores têm o poder de rejuvenescer um ambiente instantaneamente. Não precisa ter sempre no quarto (alguns dizem que até faz mal, eu não tenho certeza, mas evite), uma vez por mês, porém, não custa dar aquela renovada.

Não há nada mais confortável que levantar da cama pela manhã e ter seus pés abraçados por um fofíssimo tapete. Se sua casa tem piso frio, como é o caso da minha, no inverno um tapete se torna item obrigatório.

Algumas dicas para deixar seu quarto mais espaçoso

- **Mantenha-o limpo**, o que exclui qualquer tipo de tralha e objetos fora do lugar. Limpo também se relaciona à organização.

- **Cuide da iluminação.** Lustre no meio do teto não resolve: abra as cortinas e mantenha pontos de luz indireta, como abajures.

- **Use espelhos.** Você não precisa cobrir seu quarto com espelhos, mas utilizar um em uma das paredes pode mudar completamente o visual, em especial se ele refletir a luz que entra pela janela.

- **Use as paredes.** Em vez de encher o chão de móveis, utilize prateleiras. Quanto menos coisas no chão, maior a sensação de espaço.

- **Diminua o tamanho dos móveis.** Sim, uma cama *king size* é maravilhosa, mas se ela ocupa todo o quarto, trata-se de um móvel totalmente inviável. Tente diminuir o tamanho de tudo e, consequentemente, a quantidade de coisas que você tem.

ÁREA DE SERVIÇO

- A área de serviço deve ser funcional.

- **Tenha um cesto para colocar a roupa suja.** Se possível, separe as roupas brancas, as escuras/coloridas e as delicadas.

- **Tenha um cesto para transportar a roupa limpa** para o quarto.

- **Deixe os principais produtos** usados na lavagem de roupa perto da máquina, sempre à mão. Se possível, instale uma prateleira em cima da máquina de lavar.

- **Se tiver espaço,** instale um varão na área de serviço para pendurar as roupas enquanto as estiver passando.

Como organizar cada cômodo

- Coloque os produtos de limpeza mais usados no dia a dia dentro de um balde e use-o para transportá-los pela casa, enquanto a limpa.
- Procure ter poucos utensílios de limpeza – somente o necessário. Avalie a necessidade de quatro baldes, três bacias etc.
- Pendure vassouras, rodos, pás e outros utensílios de limpeza.
- Para mim, ter um aspirador de pó em casa é indispensável. Se você tem pessoas na família com problemas respiratórios ou bichinhos de estimação, recomendo a aquisição.
- Considero muito importante ter luvas de borracha em casa para fazer a limpeza (apesar de muitas vezes começar a limpar e lembrar no meio da faxina que eu estou sem luvas). Os produtos ressecam as mãos, torcer panos pode machucá-las, além de acabar com qualquer manicure, se for o caso.

Áreas específicas

QUARTO DE CRIANÇA

Alguns cômodos da casa tendem a acumular mais tralha e a ficar mais bagunçados que outros. O quarto das crianças, sem dúvida, é um deles. Com a correria diária, acabamos não percebendo que alguns brinquedos ou roupas já não são usados há muito tempo e ficam ali ocupando espaço. Portanto, destralhe o quarto. Você não precisa fazer isso todo mês – a cada seis meses a revisão é suficiente. Separe um par de horas para verificar todas as roupas das crianças que não servem mais, os brinquedos deixados de lado há tempos, os acessórios de alimentação, higiene, os medicamentos vencidos e o que mais achar necessário. Veja o que fazer com cada item:

- Roupas = podem ser doadas para uma instituição de caridade ou para crianças necessitadas que você já conheça.
- Brinquedos = idem a roupas.
- Acessórios no geral = se estiverem em bom estado, também podem ser doados, senão podem ser reciclados
- Medicamentos vencidos = podem ser entregues nas farmácias para o descarte correto (dica das leitoras!)
- Livros = podem ser doados.

> - Você não precisa nem deve tomar as decisões sozinho(a). Envolva as crianças no processo e explique o que está fazendo, pedindo ajuda especialmente em relação aos brinquedos. Medicamentos vencidos e roupas estão fora de discussão, porque a criança não pode influenciar em nada (se uma roupa não serve mais, não há o que fazer). Com todos os outros itens, no entanto, é interessante aproveitar a oportunidade e ensinar que está doando para quem necessita daquilo, ao contrário dela, que já usou bastante.
> - A organização deve servir às pessoas, não o contrário. Você deve criar um sistema que seja fácil e dedutivo para as crianças e, importante: que elas alcancem! Crianças que não sabem ler podem ser auxiliadas por etiquetas com figuras. Exemplo: cestos de plástico podem guardar brinquedos. Um deles pode ter

uma etiqueta com uma boneca para indicar que ali devem ser guardadas as bonecas; outro pode ter um ursinho de pelúcia, indicando que ali dentro ficam os bichinhos. E por aí vai (use a criatividade). O importante é que seja claro para a criança guardar as coisas, o que significa que deve ser mais fácil arrumar que deixar bagunçado. É necessário observar os hábitos da criança e o espaço que você tem em casa, sendo muito específico para cada um.

- Não há nada mais estressante que ter um montão de coisas para fazer o dia inteiro e ainda preocupar-se com a arrumação de brinquedos. Por isso, estabeleça uma rotina – arrume somente uma vez por dia. Isso diminuirá seu estresse e facilitará a rotina.

- Guardar todos os brinquedos e tralhas em geral dentro de uma caixa de plástico não é organizar, é assumir que não encontrou uma solução para a bagunça e simplesmente a disfarçou. Para falar a verdade, muitas vezes é isso o que tem para hoje! Então, tudo bem, caso o caos esteja complicado de lidar e você completamente sem tempo. No entanto, nada substitui os passos anteriores. Destralhando, você terá menos coisas para guardar. Tornando a organização dedutiva e envolvendo a criança, ela ficará mais independente a cada dia e você terá de arrumar menos. Guardar tudo só uma vez por dia evita o estresse e mantém o quarto arrumado.

Portanto, como sempre, o que de fato dá resultado é fazer um pouco a cada dia. Isso é basicamente a essência da organização.

QUARTO DE BEBÊ

Quando eu montei o quarto do meu filho, comprei muita parafernália desnecessária, como a maioria das mães de primeira viagem. O maior problema disso tudo é perder de vista a funcionalidade do quarto, que precisa atender às necessidades do bebê que vem aí. Então, para quem está montando o primeiro quartinho do bebê, eu tenho algumas dicas de organização:

- Escolha o quarto mais escuro da casa, ou providencie desde já *cortinas blecaute*. Você vai ler (se já não leu) que o bebê deve aprender a diferenciar o dia da noite e, por isso, essas cortinas não servem. A grande questão, porém, é que às 5 horas já amanheceu e você provavelmente espera que o bebê durma até um pouquinho mais tarde (7 horas, está bom?). Com a cortina blecaute, o despertar natural é um pouquinho adiado pela questão da claridade.

- Tenha as *medidas* do quarto anotadas e leve-as sempre com você ao pesquisar móveis, além de uma trena. Independentemente do tamanho do quarto, é bom comprar sempre na proporção exata, além de você ter a possibilidade de buscar soluções específicas de organização de acordo com o tamanho disponível.

- Utilize as *listas* encontradas em diversos sites e lojas de decoração como guia, mas não as siga a risca na hora de comprar os móveis. Avalie suas necessidades e tome cuidado com as medidas.

- *Organize o quarto de acordo com áreas de atividades.* No quarto do bebê, você fará o seguinte: amamentará, trocará fraldas e roupas, colocará o bebê para dormir e, mais para a frente, brincará com ele no chão. Pense nessas funções na hora de organizar tudo. Pode parecer óbvio, mas muitas vezes as fraldas são guardadas longe do trocador, por exemplo.

- Para a área de *amamentação*, tenha um lugar para amamentar (pode ser uma poltrona específica ou não, mas você precisa se sentar em algum lugar), um criado-mudo com um abajur (para as muitas madrugadas) e espaço para colocar o restante das coisas. Eu sugiro uma moringa com água fresca (amamentar dá MUITA sede), um livro (eu tinha *Encantadora de bebês*), um tocador de MP3 com fones de ouvido (se gostar de ouvir música) e paninhos para limpar o seio e a boca do bebê, caso ele regurgite.
- Para a área de *troca de fraldas* e de *roupas*: monte-a perto do guarda-roupa ou em cima da cômoda em que você guardará as roupinhas. É importante ter um cesto (eu uso até hoje um) com algumas fraldas, um pote com algodão, uma garrafa térmica com água quentinha, pote para colocar a água da garrafa e pomada contra assaduras. Com o passar do tempo, você pode querer substituir o algodão e a água pelos lenços umedecidos. Eu também deixava uma fralda de pano por perto para eventuais xixis no trocador (acredite, acontecem o tempo todo).
- Para a área de *sono*: deixe a poltrona de amamentação ali perto também, para ficar com o bebê no colo na hora de colocá-lo para dormir (em vez de forçar as costas ficando de pé). Deixe o berço organizado com uma mantinha para enrolar o bebê, um cobertor

a mais, rolinho para segurá-lo no colchão, chupeta (se for usar) e um aparelho de som para colocar música ou barulho estático (eu testei todas essas alternativas e nenhuma funcionou melhor que o silêncio absoluto). Minha experiência recomenda que o berço seja colocado longe da janela para evitar correntes de ar. Eu também deixava a roupa de cama do nosso filho em duas caixas herméticas de plástico embaixo do berço. Além de ficarem sempre a mão, não empoeiravam porque estavam fechadas.

- Tenha um *bom espaço para circulação*, pois você ficará muito tempo nesse cômodo, além de receber visitas ocasionais. Com o passar dos meses, você também precisará ter um espaço para o bebê ficar no chão e ser estimulado a engatinhar, rolar, andar. Para essa época, você pode pensar em um tapete de EVA, especialmente se for desmontável (é mais higiênico, pois você monta somente quando for colocar o bebê no chão).

- Lembre-se também da *segurança* do quarto para quando o bebê começar a se movimentar sozinho. Tampas para tomada e protetores de portas e gavetas fazem parte do arsenal. Como são meio caros, pode ser que você queira ir comprando aos pouquinhos. Verifique a quantidade correta para não comprar nem a mais nem a menos.

- Cada área de atividade deve ter seu *centro de armazenamento*, pois é necessário estocar bastante coisa, de fraldas a roupinhas. Tudo deve ser armazenado perto de onde será utilizado, portanto busque soluções nesse sentido.

Como organizar cada cômodo

Atendo-se às atividades rotineiras, é mais fácil organizar o quarto do bebê de forma funcional e prática para o dia a dia tão cansativo como é o inicial. Não perca de vista as necessidades reais em busca apenas da beleza, pois você pode se arrepender.

HOME-OFFICE

Se você executa algumas atividades de trabalho em casa ou trabalha na sua residência, é fundamental destinar um espaço próprio para isso.

- Tenha uma *mesa* que não seja tão pequena a ponto de caber somente o monitor e o teclado do computador. Lembre-se de que você precisa de apoio para blocos de notas e papéis diversos, além do celular e outros itens.
- Providencie uma *cadeira confortável*.
- Tenha um *telefone,* nem que seja apenas seu celular.
- Disponha de uma *caixa de entrada*. Compre uma básica de dois andares (entrada e saída) e nunca mais deixe papéis espalhados pela mesa inteira. Pense assim: por mais que você goste de amontoar papéis e não tenha paciência para organizá-los no momento em que chegam, pelo menos centralize todos em um só lugar. Bagunça é ruim, mas bagunça espalhada é um pouco pior.
- Tenha sempre em mãos um *bloco de notas e duas canetas*, porque ninguém merece uma caneta que não funciona quando precisa anotar alguma coisa importante. Isso nos leva ao *porta-canetas*.
- Mantenha por perto um bloco de *post-it*, para recados emergenciais.

122   Casa organizada

- Vale a pena investir em uma *luminária eficiente* para você conseguir trabalhar à noite sem uma luz chapada na sua cabeça (e sem atrapalhar a pessoa que estiver dormindo no mesmo cômodo, se o computador ficar no quarto).

- Tenha um *vasinho feliz*, porque uma planta alegra qualquer ambiente.

- Organize os fios com produtos próprios para isso ou utilizando simples fitas de tecido ou velcro.

- Desenvolva um sistema de arquivamento para aquilo que precisa manter em formato de papel. Crie categorias que sejam intuitivas para você e organize por ordem alfabética.

Dicas para quem trabalha em casa

Quando se tem de acordar às 6 horas de uma segunda-feira chuvosa para trabalhar, é comum pensar como seria maravilhoso trabalhar em casa. Entretanto, fazer isso demanda muita disciplina, controle de horários e ficar um pouco maluco por não encontrar com as pessoas – mesmo com os chatos do escritório –, pois faz diferença não ver pessoas e ficar o tempo todo apenas conversando pela internet. Além disso, nem toda profissão é compatível com o modelo home-office (não é porque a sua não é que você vai largar tudo para viver de algo que ainda não sabe direito o que é).

- Tenha controle dos prazos, das entregas, antecipe projetos. Tenha um inventário de tudo o que precisa ser feito – estabeleça prioridades. Gerencie direito seus e-mails.

Como organizar cada cômodo

- **É muito comum** quem trabalha em home-office dar muita autonomia às pessoas da equipe, e o trabalho acaba ficando um pouco largado. Não seja essa pessoa! Não se trata de controlar e ser chato(a), mas de saber o que foi delegado a quem, quando cobrar, quando apoiar. A conversa olho no olho não vai existir todos os dias, mas vocês precisam se falar.

- **Trabalhar em casa** não é sinônimo de home-office. Encontre as pessoas em outros lugares, trabalhe na padaria, na cafeteria, na livraria. Alugue um espaço de *coworking* uma ou duas vezes por semana. Visite seu amigo no escritório. Você tem essa mobilidade!

VARANDA, TERRAÇO OU QUINTAL

Os espaços externos, tanto de casas quanto de apartamentos, devem ser aproveitados de acordo com seu tamanho e complexidade. Alguns ambientes externos podem ser tão complexos, com seus imensos jardins, que rendem até livros apenas com recomendações para seus cuidados. Aqui, daremos dicas práticas para o espaço externo reduzido:

- **Procure estabelecer um limite** para a quantidade de objetos que pode armazenar de acordo com o espaço disponível. Escolha temas. Se você gosta de plantas, por exemplo, pode ter mais plantas que artigos esportivos. Não dá para ter tudo de tudo o que se gosta.

- **Explore seu espaço vertical.** Em vez de instalar estantes e móveis de armazenamento que ocupem espaço no chão, abuse de prateleiras e jardins verticais.

124　Casa organizada

- Se houver a possibilidade, faça do espaço externo uma extensão do espaço interno, com móveis para se sentar, almofadas, mesas, redes e o que mais achar confortável e pertinente.

- Se sua varanda for descoberta, compre móveis que resistam à chuva. Isso inclui as almofadas e os acessórios diversos.

GARAGEM

Se você puder explorar o espaço da garagem, seguem algumas dicas pontuais:

- Explore o espaço no teto. Contratando um marceneiro, você consegue instalar suporte para pendurar caixas organizadoras ou prateleiras. Além de otimizar o espaço, também não fica muito à vista, evitando chamar a atenção de ladrões.

- A garagem é um lugar excelente para guardar enfeites sazonais e artigos esportivos.

- Use ganchos para pendurar bicicletas, cadeiras dobráveis e escadas.

- Agrupe objetos com a mesma função, como ferramentas, artigos esportivos ou para jardinagem.

- Se tiver bastante espaço, monte uma superfície de trabalho para atividades diversas.

SALA DE JANTAR

- Um móvel, como um buffet, ajuda a organizar a louça, os talheres e os utensílios de servir. Se você puder ter um desses ou uma cristaleira, é um bom investimento.

Como organizar cada cômodo

- Procure utilizar a mesa de jantar apenas para as refeições em família, evitando objetos que não tenham a ver com essa função em cima dela. Tudo bem usar para outras atividades, contanto que os objetos não sejam abandonados ali.
- Cubra seus itens de porcelana com um pano ou capa própria para eles. Mesmo em móveis fechados, eles precisam dessa proteção extra.
- Objetos de prata devem ser usados com frequência para evitar manchas. Outra dica é armazená-los limpos e secos, envolvidos em sacos plásticos bem ajustados.

Armazenamento

Vamos tratar aqui de soluções de armazenamento em geral, que se aplicam a diversos cômodos da sua casa.

GUARDA-ROUPA

- Você precisa olhar seu guarda-roupa com tamanha frieza que consiga eliminar o que não usa mais. Se tiver muita dificuldade para fazer isso, chame um amigo (ou amiga), e tudo dará certo.
- O pensamento deve ser o seguinte: se a roupa não é incrível, extremamente básica, daquelas que combina com qualquer outra, ou uma peça que você use o tempo inteiro, ela deve partir. Se desfazer de roupas largas, apertadas, rasgadas, desbotadas, sinceramente, é o mínimo. Mesmo depois dessa triagem inicial, ainda vão sobrar muitas peças e você precisa decidir se realmente necessita delas, ou se ainda refletem seu estilo atual.

- Feita essa triagem inicial, separe tudo para doação. Se tiver roupas que gostaria de consertar, ou fazer a barra – aquela velha história que já conhecemos –, providencie logo. Dê a si mesmo(a) o prazo de um mês para resolver esse problema e, se não conseguir, dê adeus à peça. Não estou falando isso para que você desperdice uma peça de que goste, muito pelo contrário – espero que esse prazo lhe dê o empurrão para resolver de vez o problema.

- Todo mundo precisa de mais espaço no guarda-roupa. Com certeza. Entretanto, se não é possível no momento, precisamos nos virar com o que temos. A gente pode até tentar descolar algumas soluções baratinhas e simples, mas, no geral, em termos de espaço, é importante se conformar. Logo, *atenha-se ao espaço que você tem*. Isso significa reconsiderar manter algumas roupas que simplesmente não cabem no seu guarda-roupa. Eu, por exemplo, toda vez que vejo algum sapato lindo e que gostaria de comprar, deixo de comprá-lo porque não tenho mais espaço no meu guarda-roupa para mais sapatos. Se eu comprar, porque estiver precisando, vou ter de me desfazer de algum deles. Essa é a regra. Preciso ser chata porque, quando abrimos exceção, a bagunça toma conta. Conhecer o espaço que se tem e respeitá-lo é o primeiro passo para começar a organizar o guarda-roupa.

- Depois disso, você precisa *esquematizar o espaço*. Quantas gavetas? Quantas prateleiras? Quantos varões? Faça um desenho em um pedaço de papel. O desenho não precisa ser profissional – basta delimitar os espaços.

Como organizar cada cômodo

Com esse esquema em mãos, você pode dizer se o guarda-roupa tem dois varões, cinco gavetas, três prateleiras pequenas, seis prateleiras mais largas e uma prateleira larga, porém baixinha, por exemplo. E, com essa consciência de espaço, você vai começar a *planejar* sua organização.

- Em seguida, separe suas roupas por categorias. Pode ser em cima da cama mesmo. Vamos lá: camiseta com camiseta, calça com calça, saia com saia, vestido com vestido, paletó com paletó, roupas íntimas, meias, toucas, chapéus, camisas etc. Ao fazê-lo, você já vai perceber que há mais de alguns itens que outros. Ok, guarde essa percepção. Você vai precisar dela daqui a pouco.

- A diquinha básica de organização é a seguinte: se tiver espaço, pendure o que puder. Mesmo camisetas ficam melhores penduradas que dobradas em prateleiras ou gavetas. No entanto, poucas pessoas dispõem desse espaço, então acabam pendurando somente o inevitável. Vamos lá!

O que você deve pendurar:

- Camisas.
- Paletós.
- Blazers.
- Coletes.
- Blusas de tecido mais fluido.
- Calças.
- Saias.

128   Casa organizada

- Casacos.
- Vestidos.
- Bermudas.

O que pode ir nas prateleiras:

- Camisetas.
- Malhas.
- Roupas de academia.
- *Leggings*.
- Moletons.
- Roupas de cama.
- Roupas de banho.

O que pode ir nas gavetas:

- Roupas íntimas.
- Meias.
- Artigos de frio (toucas, cachecóis).
- Pijamas.

Com essa lista, basta arrumar.

Alguns truquezinhos de organização profissional

- Use cabides da mesma cor e material para dar unidade visual ao guarda-roupa. Cabide de materiais e cores diferentes deixam tudo com aparência mais bagunçada do que é. Sobre os tipos de cabides, o assunto rende um *post*, mas o que você precisa saber é que vai do gosto pessoal. Claro que existem cabides de melhor qualidade, e roupas que ficam melhores em um tipo de cabide específico, mas este não é o foco aqui.

- Use cabides infantis para pendurar calças, pois elas se encaixam melhor. Esta dica se aplica mais para peças femininas. As peças masculinas podem não caber neles.

- Separe as peças por categoria e depois por cor. Pode parecer trabalhoso, mas na verdade dá na mesma. À medida que for pendurando, coloque da mais escura para a mais clara ou ao contrário – depende do gosto de cada um.

- Tenha um "gabarito", que é uma espécie de molde para dobrar as peças que vão em prateleiras, para que elas fiquem da mesma largura e comprimento. Você pode fazer um com papelão e papel contact (é o ideal, porque terá a largura da sua prateleira) ou comprar pronto. Existem diversas lojas de produtos organizadores que vendem esse tipo de produto (veja neste capítulo dicas de lojas de produtos organizadores).

- Tente caprichar nos detalhes! Se achar que as calcinhas ou cuecas estão sambando dentro da gaveta, compre uma colmeia organizadora (vendida nas principais lojas de produtos organizadores), por exemplo.

- Organize itens pequenos em caixas. As caixas substituem gavetas. Se você tiver pouco espaço, pode usá-las para guardar cachecóis, lenços, cintos, toucas, roupas de banho, entre outros acessórios. Lembre-se de etiquetar todas elas.

Organizando itens diferentes

- Chapéus devem ser acomodados em caixas, de preferência as próprias. Apesar de lindos, não vale a pena deixá-los expostos, pois, como não são peças muito usadas na maioria das vezes, podem pegar muito pó.

- Bonés podem ser compactados (quando a gente coloca a parte de trás para dentro do boné, de forma que um encaixe no outro) e guardados em uma caixa ou gaveta.

- Bolsas podem ser guardadas em prateleiras, uma ao lado da outra. Você pode enchê-las com jornal amassado para que elas fiquem de pé, ou usar forros de almofada, ou mesmo bolsas menores. Carteiras podem ser guardadas em caixas.

- Mochilas podem ser guardadas dentro de malas de viagem. Aliás, malas de viagem podem armazenar diversos itens, como cobertores ou outros menos usados.

- Cintos, lenços, cachecóis podem ser guardados em caixas ou gavetas, ou em cabides específicos.

- Sapatos devem ser guardados em sapateiras, preferencialmente, para não haver contato com as roupas. Se não for possível, devem ficar em um compartimento separado. Se o espaço for um problema, você pode guardá-los em caixas específicas.

- Gravatas podem ser penduradas em cabides específicos.

- Joias podem ser penduradas em ganchinhos na porta do guarda-roupa ou guardadas em porta-bijuterias (uns minigaveteiros vendidos em lojas de organização ou de artesanato).

Como organizar cada cômodo

Ter um guarda-roupa organizado facilita o manuseio no dia a dia, conserva as roupas de forma mais eficiente e faz com que você aproveite mais o que tem.

Para crianças

Vale a pena criar uma planilha para as peças que gostaria de comprar em cada idade. A necessidade depende muito da rotina da criança – quanto tempo fica na escola, quantos uniformes tem, que atividades extras ela faz, se viaja muito, se brinca na terra, se fica mais em casa etc. Isso só pode ser observado por cada pai e mãe.

Exemplo de inventário para um menino com 5 anos:

- 14 cuecas.
- 14 pares de meias.
- 1 par de luvas.
- 2 toucas.
- 10 camisetas de manga comprida.
- 10 camisetas de manga curta.
- 5 camisetas sem manga (para usar por baixo).
- 1 blusa de lã com zíper e capuz.
- 1 blusa de lã fechada (tipo suéter).
- 1 blusa de moletom com zíper e capuz.
- 1 blusa de moletom fechada.
- 1 colete aberto.
- 1 colete fechado.
- 1 casaco.
- 7 conjuntos de pijamas (podem ser camisetas + calças ou shorts).
- 3 calças *leggings* (para dormir ou pôr por baixo).

132   Casa organizada

- 5 calças jeans ou de sarja.
- 10 calças de moletom.
- 3 calças de uniforme.
- 5 camisetas de manga curta de uniforme.
- 5 camisetas de manga comprida de uniforme.
- 1 agasalho com capuz de uniforme.
- 1 conjunto de moletom de uniforme.
- 1 par de tênis confortáveis para a escola.
- 1 par de tênis mais bonitinhos para passear.
- 1 par de pantufas.
- 1 par de sandálias (para usar com meias).
- Pelo menos um conjunto bonitinho para sair.

O guarda-roupa de verão:

- 14 cuecas.
- 10 pares de meias.
- 1 boné.
- 5 camisetas de manga comprida.
- 10 camisetas de manga curta.
- 10 camisetas sem manga.
- 1 blusa de moletom com zíper e capuz.
- 1 colete aberto.
- 7 conjuntos de pijamas (podem ser camisetas + calças).
- 3 calças *leggings* (para dormir).
- 5 calças jeans ou de sarja.
- 5 calças.
- 7 bermudas.

Como organizar cada cômodo 133

- 7 shortinhos.
- 2 calças de uniforme.
- 10 camisetas de manga curta de uniforme.
- 3 bermudas de uniforme.
- 1 par de tênis confortáveis para a escola.
- 1 par de tênis mais bonitinhos para passear.
- 1 par de chinelos.
- 1 par de sandálias.
- 2 sungas.
- Pelo menos um conjunto bonitinho para sair.

Aí o que acontece: a cada estação, é necessário ter mais ou menos essas quantidades mencionadas. Se entrar o inverno e ele tiver só uma blusa de lã, porque a outra ficou pequena, sei que precisarei comprar porque, por experiência nos invernos anteriores, não dá para ele ficar só com uma blusa. Muitas roupas duram anos, enquanto outras duram apenas alguns meses. No geral, não precisamos comprar tantos itens porque os guarda-roupas se conversam entre uma estação e outra e muita coisa pode ser aproveitada. O que é bem legal é ter sempre por perto outras mães com filhos em idades diferentes dos seus, para você doar roupas em boa qualidade e elas também. Eu tenho uma prima que tem um filho quase dois anos mais velho que o nosso, então muitas vezes ela doa algumas roupinhas para nós.

Essa análise que eu faço é parecida com a do meu guarda-roupa: vejo o que está puído, velho, o que não dá para consertar, as calças que podem virar bermudas, o que não serve mais, o que ele nunca usou. As roupas em bom estado que não servem mais vão todas para doação. Uma coisa que aprendi depois que ele entrou para a escola é que sempre vale a pena

134   Casa organizada

manter alguns itens "velhos" para atividades que envolvam pintura e artesanato. Para isso, tenho uma caixa de plástico no guarda-roupa dele (bem pequena) onde guardo essas peças. Depois dessa seleção, vem a parte de estabelecer um orçamento para as compras. Quem tem mais de um filho, obviamente tem mais dificuldade e precisa fazer escolhas. Eu costumo pensar assim: uniformes são caros, então compensa ter um número suficiente e lavar com uma frequência maior. Camisetinhas e outras peças de malha não precisam ser caras, porque ele perde muito rápido, sujam, ficam encardidas, mancham com substâncias diversas. Aí, compro em lugares mais baratos. Em São Paulo, temos os bairros do Brás, da Penha, de Pinheiros – todos bons centros comerciais para roupas infantis mais baratas. Agora, é claro que eu gosto de ter sempre algumas roupas mais bonitinhas para ele – quando saímos, quando temos um aniversário, festinhas diversas etc. Acho legal ter algumas camisetas boas, calças jeans bonitinhas, um calçado mais legal. Isso, porém, não é regra, e eu as compro quando vejo algo bonitinho, sempre tentando não pagar tão caro, porque ele perde essas roupas depois (não é como a gente, que compra uma peça que durará muitos anos, se for bem cuidada). Não adianta comprar uma jaqueta de couro na Zara, pagar 200 reais e ele perder daqui a seis meses, a qual nem usou direito porque não esfriou tanto. A gente vai pelo bom senso.

Todas as roupas dele ficam no guarda-roupa, sem distinção de estação, porque os dois guarda-roupas (verão e inverno) são semelhantes e há a alta rotatividade das roupas. Então, as peças não se acumulam tanto quanto no guarda-roupa dos adultos.

Como organizar cada cômodo

Roupa de cama e de banho

- Em regra, procure deixar as toalhas armazenadas no próprio banheiro ou próximas a ele. Caso não seja possível, guarde-as no quarto.
- Guarde a roupa de cama de cada um no quarto correspondente.
- Empilhe lençóis, colchas e cobertores de acordo com o tamanho.
- Use sachês de naftalina ou lascas de cedro para afastar insetos.
- Envolva roupas delicadas de seda branca em papel de seda branco para proteger da sujeira e, na sequência, em papel de seda azul para evitar que fiquem amareladas.
- Armazene cobertores e colchas pesados na parte de cima do guarda-roupa, em um baú ou mala grande, quando estiver em uma estação mais quente.
- Lave toda a roupa de cama antes de armazená-la.

LIVROS E REVISTAS

- Se você possuir muitos livros, pode querer ter uma biblioteca em casa. Nesse caso, escolha um cômodo para acomodar seus livros e providencie um móvel que comportará todos. É importante que esse móvel seja utilizado pela metade no momento da compra, levando em consideração que você ainda comprará muitos outros livros.

- **Estabeleça um limite de acordo com o espaço.** Se você só pode ter cem livros, sempre que chegar a esse número, doe alguns para poder comprar outros. Estabelecer limites de espaço é um grande conceito-chave para a organização da casa.

- **Se possível** e se for proprietário da sua residência, invista em móveis sob medida (nada de mandar fazer móveis personalizados em uma casa alugada, pois você pode correr o risco de perder o investimento). Um móvel sob medida será uma solução personalizada e mais adaptada às suas necessidades.

- **Se você tem poucos livros,** pode incorporá-los à sua decoração, deixando alguns no quarto, outros na sala e os de culinária na cozinha, por exemplo.

- **Organize seus livros** por gêneros e, dentre os de não ficção, por temas. Algumas pessoas gostam de organizar seus livros por cores, mas isso só funciona se você tiver poucos livros.

- **Tenha um cantinho** para deixar as revistas novas que você ainda pretende ler. Pode ser na sala, no home-office ou até no banheiro. Tenha um revisteiro para colocá-las.

- **Quando a revista for lida,** digitalize os artigos que gostaria de guardar e depois recicle a revista. Não vale a pena guardar. Se não quiser reciclar, pode doar para o dentista ou médico, que ficará feliz em ter seu estoque da recepção abastecido.

- **Reconsidere a assinatura** de revistas que você já não consegue acompanhar.

Como organizar cada cômodo 137

CDS, DVDs

- Se você for uma pessoa desapegada, digitalize todos os seus CDs e DVDs e venda em um sebo mais próximo de casa as mídias físicas. Isso fará com que você economize bastante espaço.

- Uma opção mais meio-termo é comprar fichários e porta-CDs específicos para guardar apenas a mídia, sem a capa de plástico (dá para guardar os encartes, no entanto). Esses compartimentos são vendidos em papelarias. Você pode reciclar as capas de plástico que sobrarem.

- Se quiser manter seus CDs e DVDs como estão, incorpore-os à decoração. Nada de deixar em caixas ou longe dos olhos, senão você não terá a oportunidade de usá-los. Instale prateleiras em cima da TV, por exemplo. Procure não comprar móveis de piso para eles, pois assim você diminui seu espaço físico com algo que é supérfluo. Entretanto, claro, isso depende da quantidade de CDs e DVDs que você tem e do gosto pessoal.

- Organize-os por gênero e, depois, por ordem alfabética. CDs, ordem alfabética dos artistas. DVDs, do diretor ou nome do filme.

BRINQUEDOS

- Mantenha à vista apenas os brinquedos correspondentes à idade dos seus filhos. Se tem brinquedos de faixas etárias anteriores, doe-os para crianças carentes. Isso vai fazer com que seu filho aproveite melhor o que ele tem. Você pode envolvê-lo nesse processo de doação.

- Procure estabelecer um cantinho da casa para armazenar os brinquedos, para limitar a bagunça. Pode ser na sala ou no quarto dos seus filhos. Se você tiver um cômodo especialmente dedicado a ser uma brinquedoteca, será a melhor opção. Alguns especialistas dizem que não é legal misturar quarto de dormir com brincadeiras, mas é uma opção que poucas pessoas têm. Se você for uma delas, aproveite!

- Faça uso de móveis multiuso em espaços pequenos, como baús e camas que ficam no segundo andar, com espaço embaixo para armazenamento e organização dos objetos das crianças.

- Se seu filho tiver brinquedos demais para a idade dele, guarde alguns na parte de cima do armário e vá promovendo um rodízio, de tempos em tempos. Isso fará com que ele demore mais para enjoar dos brinquedos que tem.

- Setorize a organização dos brinquedos. Coloque todos os bonequinhos em um único cesto, os carrinhos em outro, as pecinhas de brinquedos de montar em outro.

- Brinquedos com miudezas podem ser guardados em caixas plásticas, em vez das caixas originais, que ocupam mais espaço e acabam estragando com o tempo.

COSMÉTICOS E MAQUIAGEM

- Não armazene cosméticos e maquiagem no banheiro, se possível. A umidade fará com que os produtos pereçam mais rapidamente.

- O melhor lugar para armazenar ambos é no quarto, de preferência longe da luz solar.

Como organizar cada cômodo

- **Utilize bandejas** bonitas para agrupar perfumes.
- **Tenha em seu criado-mudo** um cesto ou uma bandeja com os produtos que costuma usar antes de dormir, se você tiver esse hábito.
- **Organize seus produtos por setores** – rosto, corpo, cabelo, unhas. Isso facilitará o dia a dia.
- **Também pode ser útil** deixar organizado em um único local tudo aquilo que você usa pela manhã, tudo o que usa depois de tomar banho e tudo o que usa antes de dormir. Para os esquecidos de plantão, é uma maneira de criar hábitos.
- **Tente não comprar muitos** cosméticos e maquiagens, porque eles vencem rápido. Use mais o que você já tem antes de comprar itens novos.

MATERIAL DE ESCRITÓRIO

- **Se você tiver pouco espaço disponível**, não o desperdice com grande estoque de suprimentos. Uma coisa é ter dez canetas reservas – outra completamente diferente é ter duas caixas com cinquenta. No entanto, é bom e organizado ter um estoque dos suprimentos mais usados. Avalie suas necessidades para saber o que é bom ter em estoque, como toner para impressora, fita para rotuladora, folhas de sulfite, entre outros materiais.
- **Deixe em sua mesa de trabalho** somente os materiais que precisa ter sempre à mão (você sabe quais são de acordo com suas necessidades). Se a mesa tiver gavetas, tanto melhor, pois você poderá deixar sua superfície ainda mais limpa. Uma alternativa é colocar um

gaveteiro embaixo ou ao lado da mesa, com gavetas para suprimentos.

- **Agrupe miudezas** em pequenos compartimentos, como clips, elásticos, grampos.

MATERIAL ESCOLAR

- Tenha um espaço na entrada da sua casa para acomodar as mochilas quando seus filhos chegarem da escola.

- Na entrada, deixe também um compartimento para cada um dos seus filhos colocar papéis, agendas e trabalhos escolares do dia. Pode ser uma pasta de cada cor, para cada filho. Mostre a eles como funciona até que vire um hábito eles chegarem e logo colocarem as coisas ali. Você deve processar essa caixa de entrada diariamente para ver se algo demanda alguma providência.

- Tenha uma pasta para guardar todos os trabalhos e as provas do ano. No fim do ano, revise essa pasta, digitalize o que puder e recicle a papelada.

- Quando seu filho chegar com algum desenho, deixe-o exposto pendurado na geladeira durante alguns dias antes de colocar na tal pasta, para que o artista fique orgulhoso do seu trabalho.

- Organize um espaço de estudos no quarto dos seus filhos – se possível, um cantinho para cada um deles. Nesse local, você deverá colocar todos os objetos de uso corrente, como lápis, canetas, folhas, cadernos e seus livros. A ideia é ajudar a criança a ter concentração, sem que ela precise se levantar para buscar algum material

Como organizar cada cômodo

de que necessita enquanto estiver estudando. Para não deixar a mesa cheia de objetos, instale prateleiras ou uma estante auxiliar ao lado dela.

- Sempre digitalize o que for possível e recicle o restante. Se os livros estiverem em bom estado, você pode doá-los à biblioteca da escola.

MALAS E ACESSÓRIOS DE VIAGEM

- Guarde uma mala dentro da outra. Já pense nisso quando for comprar malas novas.
- Os lugares mais comuns para guardar malas são a área de serviço ou em cima do guarda-roupa. Tudo depende da frequência de uso. Se você usa suas malas apenas uma vez por ano, não faz sentido elas ficarem em um lugar em que você as vê todos os dias (mas, claro, se houver oportunidade de escolha).
- Guarde todos os acessórios usados apenas em viagens dentro da mala menor, assim como *necessaires*, se você tiver.
- Se você viaja toda semana a trabalho, vale a pena manter sua mala de uso frequente sempre organizada, conferindo os itens para abastecê-la (xampu, por exemplo). Essa mala pode ficar em seu home-office (se você tiver um).

ARTIGOS ESPORTIVOS

- Analise o que vale a pena ter em casa e o que vale pagar para acessar fora, como uma esteira de corrida. Às vezes, o espaço utilizado é tão grande que não compensa a economia que você faz na academia.

142 Casa organizada

- Bolas podem ser guardadas em cestos flexíveis para roupas sujas, se seus filhos tiverem muitas.

- Dedique uma área do seu guarda-roupa (pode ser uma gaveta ou prateleira) para armazenar suas roupas de ginástica. Tenha uma mochila que sempre levará para a academia ou quando for se exercitar em outro espaço, com tudo o que você precisa dentro. Deixe-a armazenada corretamente no seu quarto ou no aparador da entrada da sua casa, se o espaço for adequado.

- Procure incorporar alguns itens a sua decoração. Bicicletas podem ficar penduradas na parede, assim como raquetes de tênis, luvas e outros.

ENFEITES SAZONAIS

- Tenha a menor quantidade possível de itens sazonais, como árvores de Natal, guirlandas e coelhinhos da Páscoa de enfeite. Quanto menos você tiver, menos terá de dispender do seu espaço para organizar.

- Se tiver poucos itens, guarde todos em uma única caixa (resistente, de madeira ou plástico) e etiquete com o título "Enfeites sazonais".

- Se tiver muitos itens, pode valer a pena ter um compartimento para cada época, etiquetando da mesma maneira: Natal, Halloween, Páscoa.

- Cômodos em que costumam ser guardados esses enfeites: garagem, edícula, home-office. Se for difícil para você armazená-los, questione se vale a pena mantê-los.

- Uma boa estratégia pode ser instalar prateleiras no alto dos corredores da sua casa, se for possível, e armazenar as caixas ali em cima.

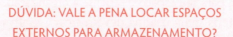 Como organizar cada cômodo

> **DÚVIDA: VALE A PENA LOCAR ESPAÇOS EXTERNOS PARA ARMAZENAMENTO?**
>
> De maneira geral, a recomendação é que você destralhe seus objetos de modo que possa ter em casa apenas aquilo de que você realmente goste e/ou o use mas, principalmente, que caiba na casa que você tem. É importante estabelecer limites para a quantidade de objetos armazenados. Esses serviços de armazenamento são bastante úteis para situações de transição, como quando você está se preparando para se mudar para um imóvel maior ou quando um membro da família faleceu e você ainda não se desfez de todos os seus pertences. Se não for o caso, o recomendável é que você selecione os seus objetos e procure destralhar aqueles que não precisam ficar com você.

DESPENSA

É extremamente necessário ter cuidado com o armazenamento de alimentos para evitar a proliferação de parasitas e o vencimento dos produtos. Veja algumas dicas:

- **Tire tudo de dentro do armário.** Infelizmente, não será possível organizar a despensa sem esse passo. Tire tudo de dentro do armário e coloque em cima da mesa ou do balcão da cozinha.
- **Passe um pano úmido nas prateleiras** para limpá-las.
- **Veja o que você tem.** O que venceu, jogue fora. Tire e guarde no lugar certo aquilo que não pertence à despensa (às vezes, podemos colocar qualquer objeto junto com os alimentos por comodismo do dia a dia, você sabe como é!).

144   Casa organizada

- Olhe para seu espaço e repense a organização. Idealmente, os itens mais usados devem ficar na altura dos olhos. Alimentos que podem ser pegos por crianças devem ficar na altura delas. Doces e guloseimas podem ficar mais no alto, para que elas não tenham fácil acesso. Itens pesados, como garrafas e potes de suco ou leite, podem ficar na prateleira inferior.

- Não deixe na despensa itens que você usa apenas ocasionalmente, como velas de aniversário. Guarde em outro lugar. Para quem possui pouco espaço, é necessário aproveitar muito bem o que tem para as funções específicas. Mantenha apenas alimentos na sua despensa.

- Uma boa maneira de agrupar os itens é *copiar o modelo do supermercado*: mercearia, padaria, feira, bebidas. Isso pode ajudar inclusive na hora de montar a lista de compras.

- Arrume itens menores dentro de cestos, como pacotes de sopa, suco e gelatina.

- Mantenha os lanches que as crianças podem pegar na prateleira que fica na altura dos olhos delas. Deixe os doces e guloseimas "proibidos" mais escondidos.

- Procure usar o espaço vertical, colocando um item em cima do outro, quando possível. Isso serve para caixas, latas e pacotes.

- Quando tiver itens pequenos, utilize compartimentos para agrupá-los. Se não tiver cestinhos em casa, pode reaproveitar caixas de papelão, por exemplo. Se não tiver como fazer hoje, deixe os itens juntos e anote em sua lista que precisa providenciar esses acessórios para

Como organizar cada cômodo

armazenamento. Existem muitos produtos específicos para armazenamento na despensa que você pode comprar, se quiser investir seu dinheiro nisso.

- Use potes para armazenar alimentos que duram mais tempo que uma única vez, como arroz, macarrão, grãos em geral. Se dá para abrir o pacote e usar de uma vez, mantenha no pacote original. Se usar potes, coloque etiquetas neles.

- Uma dica que gosto de dar é que você eleja seus itens preferidos para sempre ter em casa. Limão, azeite, leite, pão italiano e itens assim. São os seus "básicos". Quando escolhemos básicos que toda a família gosta, sabemos aquilo em que vale a pena investir mais e aquilo em que não vale.

- Crie sua lista de compras no celular, se possível. Hoje, é a melhor maneira de administrar e ainda pode ser compartilhada com outras pessoas. Se não for possível, use um caderninho guardado na despensa e leve-o com você quando for às compras.

Se você conseguiu encontrar boas ideias para soluções de organização para a sua casa, agora é hora de colocar as coisas no lugar!

Capítulo 4

Arrumar
a casa é terapêutico

No capítulo anterior, nós vimos como encontrar soluções personalizadas para cada casa, família, pessoa ou situação que cada um vive. Depois de encontrá-las, vamos aprender a colocar cada coisa em seu lugar, parte indispensável da arrumação.

Menu semanal

O menu semanal é uma maneira prática de não perder tempo na cozinha ao preparar as refeições. Trata-se de um planejamento que você faz semanalmente para saber o que vai preparar e quais ingredientes precisa comprar, economizando tempo no dia a dia e dinheiro nas compras.

Como fazer

- Analise sua próxima semana e veja quantas refeições principais serão necessárias. Pode ser que na sua casa todos almocem e jantem, ou que você almoce e jante fora dois dias durante a semana. Planeje semanalmente de acordo com sua necessidade.

- Liste pratos e refeições favoritos da sua família. Exemplos: macarrão com frango à milanesa, estrogonofe, pizza, arroz com feijão e bife. Você pode pedir ajuda de uma nutricionista para criar uma dieta personalizada de acordo com as necessidades da sua família.

Refeições

1 _____

2 _____

3 _____

4 _____

5 _____

6 _____

7 _____

- Depois de elencar as refeições, liste os ingredientes que precisa ter para preparar cada uma delas (arroz, feijão, macarrão etc.).

- Pense nas outras refeições, além da principal. Café da manhã, lanches ao longo do dia, merenda escolar. Liste o que você e sua família costumam comer nessas ocasiões.

Arrumar a casa é terapêutico 151

- Vocês consomem bebidas compradas fora, como sucos, água mineral, chás, refrigerantes e cervejas? Anote também com que frequência isso acontece ao longo de uma semana.
- Vocês reaproveitam refeições? Por exemplo, o que é preparado no jantar fica para o almoço do dia seguinte? Ou vocês gostam de comer comida fresca todos os dias? Ou não se importam de congelar alguns alimentos?
- Vocês costumam comer fora, almoçar na casa de outra pessoa da família semanalmente ou pedir comida delivery? Com que frequência?

Com essas informações em mãos, coloque no papel seu menu semanal.

Atualize sua lista de compras para poder ir ao mercado, à feira ou pedir on-line. Faça essa reflexão uma vez por semana, um dia antes de ir às compras.

Lista de compras padrão

Elabore uma lista de compras padrão para facilitar sua rotina. O ideal é que você monte um padrão para a família, de acordo com as necessidades de vocês.

Você pode até criar diferentes listas para ajudar, tais como:

- Supermercado.
- Farmácia.
- Feira.
- Padaria.

Se você quiser manter sua lista na agenda da casa, pode colocar um plástico sobre a folha e anotar com caneta por cima dele os itens comprados. Para apagar, basta passar um pano embebido em álcool.

Outra opção (menos ecológica) é imprimir a lista sempre que for às compras.

Se você gostar do formato digital, pode acessá-la pelo celular, tanto em casa quanto no mercado. Atualmente, a maioria dos aplicativos para celular permite o compartilhamento de informações, portanto, você pode compartilhar sua lista com outras pessoas que moram na casa, por exemplo.

No dia a dia, anote o que estiver faltando, para comprar na próxima vez que for a um dos estabelecimentos citados (mercado, feira...).

Não existe uma lista padrão de compras, pois o que cada pessoa ou família consome é muito particular. Ao usar listas padronizadas, corremos o risco de comprar o que nunca vamos usar e deixar alimentos estragarem na despensa.

A melhor maneira de montar listas adequadas é fazer um menu semanal (para comprar alimentos) e analisar sua rotina de limpeza e cuidados com a casa para saber qual a necessidade em termos de produtos.

Vamos falar sobre rotinas de limpeza e arrumação no próximo capítulo. Antes de pensarmos em como manter a organização, precisamos colocar outras coisas em seu devido lugar, começando pelo planejamento da família.

Planejamento anual

Pode ser uma boa ideia entender as sazonalidades da sua casa. O calendário a seguir serve para que você possa inserir os feriados e as datas importantes anuais, a fim de antecipar

Arrumar a casa é terapêutico 153

períodos de maior movimento e outras necessidades que podem impactar sua rotina doméstica.

Exemplos:

- Volta às aulas.
- Feriados.
- Estações do ano.
- Férias.
- Aniversários.
- Viagens já programadas.

JANEIRO	FEVEREIRO	MARÇO
ABRIL	MAIO	JUNHO

JULHO	AGOSTO	SETEMBRO

OUTUBRO	NOVEMBRO	DEZEMBRO

O propósito aqui é ter uma noção de como esses eventos vão afetar sua rotina ao longo do ano, de modo que possa planejar e antecipar projetos. Por exemplo, se todo mês de janeiro chove muito e você sempre tem problemas com alagamento em casa, como pode tomar providências para evitar que isso aconteça no próximo ano? Se seus filhos voltarão às aulas em fevereiro e em agosto, que providências podem ser tomadas em casa para tornar esse evento mais tranquilo?

Esse planejamento anual pode ser feito no final do ano ou sempre que você sentir necessidade.

Depois do planejamento anual, pode valer a pena fazer um planejamento mensal de atividades que envolva:

- Contas a pagar.
- Aniversários.
- Passeios e viagens de fim de semana.
- Mesada.
- Controle das finanças em geral.
- Compras maiores no supermercado (itens de limpeza etc.).
- Limpeza detalhada de todos os cômodos.
- Compras para casa e reparos em geral.

A melhor maneira de controlar esse planejamento é por meio de um quadro que pode ser colocado em um centro de comando na sua casa.

Inserindo os outros moradores na organização

Todas as tarefas de que falamos até aqui podem e devem ser divididas entre os moradores de uma mesma casa.

Gosto de dizer que dentro de uma casa moram pessoas e todas que ali moram devem colaborar com o trabalho doméstico. No dia a dia, porém, não é assim tão simples.

A primeira providência a ser tomada é justamente ter essa conversa para expor o conceito de que todos devem colaborar. Para algumas famílias, isso é pura questão de necessidade, caso alguém fique muito tempo fora a trabalho, por exemplo.

Pode facilitar ter um quadro em lugar de fácil acesso com as responsabilidades de cada um. Os critérios para definir quem ficará responsável pelo que podem variar, desde sorteio (para adultos), até acordos pelo gosto de cada um, ou em função da faixa etária dos filhos.

Sugestão

Você vai precisar de:

- Cartolina.
- *Post-its* de cores diferentes (uma cor para cada pessoa).

- Divida a cartolina com uma linha ao meio. Em cima, escreva no alto de cada coluna: A FAZER e FEITO.
- Cole a cartolina em uma parede na qual ficará seu centro de comando em casa (falaremos sobre ele a seguir).
- Escreva nos *post-its* as tarefas que cada um deve fazer (lembrando de escrever uma tarefa por *post-it*, e uma cor por pessoa). Coloque-os na coluna A FAZER.
- Oriente os moradores da casa sobre suas novas tarefas e acompanhe diariamente o que foi feito.
- Atualize o quadro semanalmente.

Exemplo de *post-it*:

Arrumar a casa é terapêutico

Existem outras maneiras de elaborar seu quadro de tarefas, mas esse é um jeito fácil e imediato de fazer. Pode ser ideal para começar e, aos poucos, você pode ir adaptando ao que funciona melhor para você e sua família.

Outra ferramenta que pode ajudar é a construção de uma agenda da casa.

Criando uma agenda da casa

O mesmo quadro utilizado para o planejamento mensal pode ser usado como agenda da casa, ou você pode utilizar o formato próprio de agenda. Depende de quem acessa esse material. Se você morar sozinho(a), pode fazer mais sentido ter uma agenda que um quadro. Fica a seu critério!

A agenda da casa é um painel de controle em que deverão estar todas as informações relevantes para que sua casa seja bem mantida. Lá, você vai inserir listas de limpeza, checklists, listas de compras, informações úteis à lavanderia, menu semanal, informações sobre a família, contatos e muito mais.

Você pode utilizar um fichário, um caderno ou fazer em formato digital (documento Word, pastas ou programas, por exemplo, o Evernote).

Ideias de conteúdo para sua agenda da casa:

- Rotinas.
- Checklists.
- Listas de limpeza de cada cômodo.
- Listas de compras.
- Informações da família (por exemplo, número de roupas).
- Contatos importantes.
- Informações médicas.

158   Casa organizada

- Telefones de emergência.
- Recomendações para lavagem de roupas.
- Menu semanal.
- Receitas preferidas.

Dica da Thais: Insira em sua agenda da casa todos os exercícios que você fizer neste livro. Eles são o embrião dela.

CONTATOS IMPORTANTES

Em sua agenda da casa, é fundamental que haja alguns telefones importantes para referência. Você pode utilizar o formato físico ou digital.

Veja as listas de telefones que podem ser interessantes constar em sua agenda da casa:

- Pessoas da família.
- Dados da escola dos seus filhos.
- Telefones úteis.
- Telefones de estabelecimentos próximos.
- Telefones dos médicos da família.
- Telefones de emergência.

Por mais que você tenha esses telefones em seu celular, é importante que todos os moradores da casa possam acessá-los com facilidade.

Listas de telefones que preciso ter na minha agenda da casa:

_____

_____

_____

_____

Além disso, se sua agenda tiver espaço para anotações, você pode criar checklists que ajudarão a planejar seu dia, sua semana, seu mês, seu ano etc. As checklists serão abordadas no próximo capítulo.

INFORMAÇÕES DE EMERGÊNCIA

Além de ter na agenda da casa, pode valer a pena colocar na parede na qual fica o telefone um papel com as seguintes informações:

Números de emergência
Todas as emergências: 190
Polícia:
Hospital:
Vizinhos:

Números de familiares
Utilidades
Companhia de gás:
Companhia elétrica:
Companhia telefônica:
Companhia de água:
Servidor da internet:

Animais
Qual:
Veterinário:

Contatos de emergência
Crianças
Pediatra:
Escola:
Amigos:

Centro de comando

O centro de comando é um local da casa em que você colocará tudo o que for importante em termos de informação para você e/ou sua família no dia a dia. Você pode utilizar um espaço de 50 a 150 centímetros na parede de um corredor, na entrada ou naquele espaço entre os quartos. Algumas pessoas utilizam a cozinha. A ideia é que o espaço seja realmente um centro de comando para você e sua família.

O que poderá entrar no seu centro de comando:

- Relógio.
- Porta-chaves.
- Calendário da família (para o mês e para a semana).
- Frase para inspiração.
- Fotos da família.
- Lugar para colocar carteiras e celulares ao chegar em casa.
- A agenda da casa.
- Ganchos para bolsas, mochilas e casacos.
- Artigos de papelaria para manusear cartas (tesoura, cola, durex, canetas, grampeador).
- Caixa de entrada.
- Porta-cartas.
- Contas a pagar.

Arrumar a casa é terapêutico 161

Exemplo de centro de comando:

Fonte: Imagem disponível em: <http://www.ourhomesweethome.org>.
Acesso em: 13 maio 2016.

Não dá para arrumar sem organizar antes. Você pode ter uma caixa decorada cheia de tralhas dentro!

A importância de ter uma caixa de entrada

Tenha uma caixa de entrada em casa para colocar todos os papéis e as anotações diversas que você receber no dia. A ideia é centralizar tudo em um único lugar para você organizar depois.

VANTAGENS

- Você nunca mais se esquecerá de onde colocou o boletim que precisa assinar.
- A autorização de excursão que você precisa assinar certamente estará ali.
- O cupom de 10% de desconto em um restaurante no Dia das Mães também estará.
- Você finalmente poderá colocar aquela receita que anotou em algum lugar onde não vai perdê-la.
- A conta de luz estará ali.
- A carteira de vacinação do bebê também.

Os usos são infinitos. Considere que você não tem tempo para se organizar. Tendo ao menos um lugar para deixar tudo o que chega até você, as informações estarão centralizadas. Não é a solução para o problema, mas ajuda. É o primeiro passo.

Arrumar a casa é terapêutico

Como providenciar uma caixa de entrada? Não precisa gastar dinheiro com ela – basta colocar uma caixa ou bandeja perto da porta de entrada. Tenho certeza de que você tem isso em casa.

PROCESSAR DIARIAMENTE

Você deve processar sua caixa de entrada todos os dias. Processar é decidir o que fazer com cada item que está ali. Pegue o primeiro item da sua caixa de entrada, sem escolher, e decida se aquilo é: uma conta a ser paga, algo a ser arquivado, uma revista para ler, e por aí vai. Tomada a decisão, organize no lugar certo.

Você deverá dedicar um tempo todos os dias, de preferência à noite ou no final da tarde (dependendo de quando se encerra seu dia de trabalho ou estudo), para processar sua caixa de entrada. Faça essa atividade com foco, e reitero, diariamente, pois, se acumular, isso se tornará algo enfadonho e trabalhoso de ser feito. Processar sua caixa de entrada garante que tudo o que você precisa resolver seja organizado e esteja no lugar certo quando precisar.

Técnica Pomodoro

Uma técnica de gerenciamento de tempo que pode ajudar muito para colocar as coisas em ordem em casa é a técnica Pomodoro, criada por Francesco Cirillo, no final dos anos 1980. Ela utiliza um cronômetro para dividir o trabalho em períodos de 25 minutos, chamados de "pomodoros". O objetivo é fazer algo focado durante esse tempo. Pode ser especialmente útil para tarefas chatas do dia a dia que acabamos postergando. Você pode utilizar um *timer* de cozinha ou aplicativos no celular que tenham a mesma função.

A técnica pomodoro original sugere 25 minutos, mas você pode mudar para 15 ou 45 minutos para adequar ao tempo disponível. Quando o alarme soar, pare o que estiver fazendo.

Essa técnica pode ser muito útil para agilizar as tarefas domésticas no dia a dia.

Quatro táticas para envolver as crianças na organização

Filhos são integrantes da família e, como todos os outros membros dela, devem fazer parte da rotina de organização – não por uma imposição, ou para sermos mães e pais chatos, mas para mostrar que é papel de todo mundo cuidar da casa. Gosto sempre de frisar isso, especialmente para pais de meninos, pois todos devem cuidar da casa, independentemente do gênero.

Veja quatro táticas que podem ser usadas no dia a dia para envolver as crianças na organização de um modo geral:

1 Monte um cartaz com a rotina noturna

Pegue uma folha sulfite ou uma cartolina e escreva a rotina noturna das crianças. Exemplo:

18:00 – Tomar banho.
19:00 – Jantar.
19:30 – Fazer lição de casa.
20:00 – Escovar os dentes.
20:30 – Dormir.

Arrumar a casa é terapêutico

Para crianças pequenas, você pode desenhar o relógio apontando o horário e representar as atividades com desenhos.

Você pode pendurar essa rotina no quarto do seu filho, na geladeira, no mural na entrada de casa etc. O importante é que fique na altura da vista dele e em um lugar em que ele realmente possa ver.

Por que é importante? Porque você dá segurança ao seu filho. As crianças gostam de saber o que vem em seguida e são os pais os provedores dessa estabilidade. Quando uma criança sabe que ela vai dormir em determinado horário, ela já vai entrando no "modo desligar" à medida que o horário se aproxima. Seu corpo começa a se acostumar.

2 Use etiquetas no quarto

Separe os brinquedos em categorias e guarde-os em caixas ou cestos etiquetados. Vale o mesmo raciocínio do item anterior: para crianças pequenas, use desenhos. Você pode categorizar por bonecos, carrinhos, blocos etc. Depende dos brinquedos que seus filhos tiverem.

As etiquetas também podem ser usadas para distinguir as gavetas de roupas; mesmo para crianças maiores, esse recurso pode ser útil.

Por que é importante? Muitas vezes, as crianças não arrumam as coisas por não saberem como fazer. Etiquetando gavetas, caixas e cestos, elas saberão onde estão suas coisas e onde guardá-las após o uso.

3 Estabeleça a hora da fiscalização!

Todos os dias, de preferência à noite, você vai designar a seus filhos uma atribuição muito importante: o papel da

166 Casa organizada

fiscalização! Durante 5 minutos, eles serão responsáveis pela arrumação dos brinquedos fora do lugar! Diga que esse é um papel muito importante e que todos devem cumprir! Use toda sua empolgação nesse momento para tornar a tarefa divertida. É claro que você também pode ajudá-los, mas é importante que eles se envolvam ao máximo. Quando terminar, comemore e parabenize-os pela tarefa bem-feita.

Por que é importante? Ora, para ensinar a eles que, se tiraram do lugar, é necessário guardar novamente, senão nunca encontrarão quando quiserem brincar de novo.

4 Envolva-os na organização

Sempre que for realizar alguma tarefa doméstica não perigosa, chame seu filho para explicar o que você está fazendo. Vá narrando passo a passo e pedindo ajuda no que for necessário. Crianças pequenas podem ajudar a carregar objetos leves, por exemplo, ou a entregar objetos para a mamãe ou o papai.

Por que é importante? Para mostrar que cuidar da casa é um dever de todos que nela habitam, desde cedo.

Como ensinar as crianças a serem organizadas

Organização é algo que podemos ensinar às crianças, assim como ensinamos a ter respeito pelas outras pessoas, a amar os animais, a cuidar dos brinquedos etc. Não é difícil – basta fazer parte da rotina. Veja algumas dicas:

Arrumar a casa é terapêutico

1 Envolva a criança na organização

Toda vez que estiver organizando, arrumando ou limpando a casa, envolva a criança no processo. Explique o que está fazendo e peça ajuda. Isso pode ser feito com crianças em qualquer idade. Meu filho de 2 anos me ajuda a pendurar a roupa, por exemplo. Basta tornar a tarefa divertida.

O importante de envolver a criança no processo de organização é tornar aquilo natural para ela, como parte do dia a dia. Se não for assim, não adianta brigarmos quando ela se tornar adolescente, porque nunca arruma as coisas. Precisa fazer parte da rotina, e, destaco: de meninos e meninas. Vamos tirar desde cedo o estigma machista de que só mulher arruma a casa. Mães de meninos: envolvam-nos na organização.

2 Ensine a criança a doar o que não usa mais

Para uma criança pode ser difícil se desfazer de objetos que não usa mais, pois não entende os benefícios dessa prática. Explique utilizando um argumento, por exemplo, tal brinquedo não é mais adequado a sua faixa etária e, portanto, será doado. Geralmente, as crianças gostam de saber que estão um pouquinho mais crescidas e seu orgulho não as deixará apegadas àquele item. Claro que existem exceções! Se for um brinquedo de que seu filho goste muito, mas muito mesmo, não há porque se desfazer dele. Mantenha durante mais algum tempo. Mães e pais costumam saber quais são os itens que as crianças não usam mais e que não farão falta, então basta separá-los. Envolva a criança no processo inicial e explique o que você está fazendo.

Frequentemente, digo ao meu filho que estou doando um brinquedo porque é um brinquedo de bebê, e ele não é mais bebê. Então, eu pergunto se ele é grande ou pequeno, e ele diz empolgadíssimo: "grande!".

3 Ensine o valor do tempo

Nós conhecemos o mundo caótico em que vivemos, cheio de informações e demandas por todos os lados. É muito importante ensinar as crianças a cuidarem do seu tempo, para que o aproveitem da melhor forma possível. Isso não significa lotar a agenda delas com atividades, mas permitir que sejam crianças! Explicar quão importante é ter o horário de fazer a lição, de ler um livro, de fazer alguma aula extraclasse, assim como ter o horário de brincar, de ver TV e de jogar videogame. Mostrar a ela que há horário para fazer tudo o que gosta, contanto que cumpra com suas obrigações, torna mais fácil seu convencimento e entendimento.

Ela aprenderá que, se não fizer a lição, não sobrará tempo para fazer o que gosta, por exemplo. Tenha certeza de que será uma luta diária na família, mas que valerá a pena quando a criança finalmente aprender o conceito, pois trata-se de uma disciplina que ela levará para o resto da vida.

4 Aprenda a delegar tarefas

Esse conceito é muito simples: quando a criança vê que todos em casa dividem as tarefas, não achará o mundo injusto e que somente ela tem obrigações. Isso pode até virar seu argumento. Todos em casa trabalham em equipe e isso é bom para a família porque ninguém fica sobrecarregado.

Arrumar a casa é terapêutico

Você já assistiu ao programa *Supernanny*? Em toda casa, ela monta um quadro com a rotina e os afazeres dos membros da família. Isso pode funcionar para vocês, especialmente se há mais de uma criança em casa. Deixe as crianças escolherem entre as tarefas que gostam de fazer (porém, dê limites, como "você prefere lavar a louça ou varrer o chão?"). E, claro, sempre de acordo com a idade de cada uma delas.

O importante é delegar tarefas e não centralizar tudo. Ensinar uma criança a ser independente é uma das melhores lições que os pais podem oferecer aos filhos.

5 Torne as tarefas mais divertidas

Crianças pequenas podem ser convencidas a realizar tarefas quando dermos algum toque lúdico a elas. O cesto de roupa suja pode ser uma cestinha de basquete, por exemplo, e a criança brinca de jogar a roupa fazendo cestas; a limpeza de algum lugar pode virar uma guerrinha de água. Existem diversas possibilidades. Seja criativo(a)! Coloque-se no lugar do seu filho e imagine o que poderia ser feito para tornar a tarefa mais legal.

6 Acompanhe o dia a dia das crianças

Mesmo a mais organizada das crianças pode não conseguir lidar direito com seus afazeres, simplesmente por falta de experiência. Por mais organizado que seu filho seja, acompanhe seu dia a dia, se tem feito as lições, se está cumprindo suas tarefas em casa, se está dormindo bem, se está se divertindo. Esse é o nosso papel como pais: coordenar a coisa toda, de modo que a família esteja sempre bem.

Além do mais, sabemos que esse acompanhamento traz segurança às crianças, pois sabem que existe alguém cuidando delas. Isso é demonstrar amor, minha gente!

7 Dê o exemplo

De nada adianta pedir para seu filho recolher o que está fora do lugar, se você é um(a) bagunceiro(a) de mão-cheia. Assim como não adianta pedir que seu filho leia um livro, se você nunca pega em um. As crianças aprendem muito com os exemplos que têm em casa. Veja a responsabilidade que temos!

Com relação à organização, dê o exemplo. Se a criança vir que você está sempre organizando, limpando o que sujou etc., certamente ficará propensa a fazê-lo também.

8 Deixe a criança ter acesso às suas coisas

Quando eu comecei a ler sobre o método Montessori, a primeira coisa que me chamou a atenção foi o fato de a criança ter acesso aos seus pertences desde pequenina, para proporcionar independência a ela. Como esperar que uma criança arrume suas coisas se ela precisa subir em um banquinho para fazê-lo, por exemplo? Deixe tudo com o acesso facilitado. Tenha uma estante baixinha com brinquedos e livros. Verifique se a cama possui a altura certa para que ela suba e desça com facilidade. Deixe quadros pendurados na altura dos seus olhos na parede, para que ela possa contemplá-los sem ter de subir no seu colo. Pense na melhor forma de acessibilidade para seu filho. Veja com os olhos dele e tome providências. Acesso gera independência.

Arrumar a casa é terapêutico

9 Dê recompensas

Ok, eu não sou muito fã do famoso suborno infantil, mas precisamos assumir que funciona! Uma vez ou outra, se estiver realmente difícil convencer seu filho a realizar determinada tarefa, estabeleça recompensas. Não precisa ser algo comprado, mas algo que ele(a) queira muito fazer. Você pode dizer que, se ele(a) arrumar o quarto, poderá passear com a vovó no próximo sábado. Claro que isso poderá dar margem a algo não muito legal, que é a criança só querer fazer algo se tiver uma recompensa. Portanto, use com cautela e com recompensas inofensivas, que não alterem a rotina da criança de forma negativa (por exemplo, se prometer meia hora a mais de videogame se fizer a lição, ela vai querer sempre essa meia hora a mais).

10 Proporcione tranquilidade

Quando nos organizamos, nossa vida se torna mais tranquila. Há certas coisas que as crianças simplesmente não podem fazer, como manter as contas em dia, deixar a despensa abastecida e a casa funcionando de maneira geral. Seja a pessoa responsável por isso. Não permita que sua família tenha um dia a dia caótico, em que ninguém sabe o que esperar. Tenha boa vontade! Motive-se, seja disciplinado(a) quanto às coisas que envolvam sua família.

Uma criança que vive em um ambiente tranquilo tem liberdade para viver, ser feliz, aprender. E você também. Todo mundo se beneficia disso. Acredito que essa seja uma das maiores recompensas da organização. Assuma o controle da sua vida, se não por você, pelos seus filhos. Isso é um presente de valor inestimável que você pode dar a eles.

Capítulo 5

Mantendo a casa em ordem

Manter a sua casa organizada faz parte da rotina de manutenção. De nada adianta destralhar, encontrar soluções adequadas, colocar as coisas no lugar certo e, pouco tempo depois, deixar a bagunça se instaurar novamente.

Para que você mantenha a sua casa organizada, eu sugiro algumas ideias:

- Crie checklists para limpeza diária, semanal, quinzenal, mensal, sazonal, semestral e anual. Essas listas auxiliam você a ter controle do que já foi feito e do que ainda precisa ser feito. Cuidado para não colocar muitos itens na sua checklist diária, senão ela ficará fora da realidade e, você, frustrado(a) por não conseguir cumprir o que elencou. Coloque o essencial, como lavar a louça. Vamos ver mais sobre isso a seguir.

- Crie também checklists para a arrumação. O que você precisa arrumar todos os dias? No geral, a cama, as roupas e o que estiver fora do lugar. Uma vez por semana, você pode trocar a roupa das camas e as toalhas, por exemplo. Cada casa tem suas necessidades. Crie as listas de acordo com elas.

- **Envolva a família nas atividades domésticas.** Todo mundo que mora na mesma casa deve colaborar. Trata-se de um trabalho em equipe.

- **Continue destralhando** (afinal, as tralhas não param de surgir) e reencontrando soluções à medida que novos itens entrarem na sua casa e situações mudarem (por exemplo, início de um novo curso: os materiais precisam ser organizados).

Sua casa é um organismo vivo e a organização nunca tem fim. Ao longo deste capítulo, vamos explorar algumas sugestões para que você consiga mantê-la organizada.

Distribuição da minha semana

Para onde vai meu tempo durante a semana? (exercício)

REFLEXÃO: O QUE EU PODERIA FAZER PARA OTIMIZAR MEU TEMPO?

Mantendo a casa em ordem

Agenda da semana

Nossa proposta para a semana (a sua pode ser diferente de acordo com sua rotina):

DOMINGO	SEGUNDA	TERÇA	QUARTA
Dia de descansar	Dia de limpar	Dia de se divertir	Dia de trabalhar em algum projeto

QUINTA	SEXTA	SÁBADO
Dia de resolver coisas na rua	Dia de curtir com o marido (ou esposa)	Dia de passear

E em sua semana? O que acontece em cada dia?

(Exemplo: dia de lixeiro, coleta seletiva, faxineira, almoço na casa da mãe etc.)

DOMINGO	
SEGUNDA	

TERÇA	
QUARTA	
QUINTA	
SEXTA	
SÁBADO	

Começando a pensar em rotinas

Para começarmos a pensar em rotinas, é necessário conhecer o cenário atual.

Vamos montar a agenda da semana da sua família:

Mantendo a casa em ordem

	MANHÃ	TARDE	NOITE
DOMINGO			
SEGUNDA			
TERÇA			
QUARTA			
QUINTA			
SEXTA			
SÁBADO			

ROTINA DA MANHÃ

A rotina da manhã é o que você faz ao acordar. Se você acordar em horários alternativos (porque trabalha à noite, por exemplo), basta adequar à sua realidade.

Exemplo de rotina

- Higiene pessoal.
- Arrumar a cama.
- Trocar de roupa.
- Fazer maquiagem.
- Tomar café da manhã.
- Conferir agenda.
- Colocar comida para o cachorro.

MINHA ROTINA DA MANHÃ

ROTINA DA NOITE

A rotina da noite é o que você faz antes de ir dormir. Se dormir em horários alternativos (porque trabalha à noite, por exemplo), basta adequar à sua realidade.

Mantendo a casa em ordem 181

Exemplo de rotina

- Lavar a louça.
- Conferir agenda para o dia seguinte.
- Separar lanche dos filhos.
- Separar a roupa para amanhã.
- Deixar a bolsa preparada para amanhã.
- Higiene pessoal.
- Ler um pouco.

MINHA ROTINA DA NOITE

_____
_____
_____
_____
_____

OUTRAS ROTINAS

Quais seriam as outras rotinas que poderiam ser úteis para você?

Exemplos

- Rotina para quando os filhos chegam da escola.
- Rotina quando começa a trabalhar.
- Rotina quando chega em casa.

OUTRAS ROTINAS QUE FACILITARIAM MINHA VIDA

_____

_____

_____

_____

_____

_____

Áreas da sua casa

Sua casa possui áreas ou cômodos. Para facilitar a organização e a manutenção, dividimos as áreas por semanas dentro de um mesmo mês, a fim de planejar todas as atividades relacionadas.

Áreas e cômodos mais comuns em todas as casas:

- ENTRADA (hall de entrada, porta de entrada, hall do elevador).
- SALA (cinema e TV, de estar, biblioteca, área de convivência).
- COZINHA (jantar, preparo de comida).
- ÁREA DE SERVIÇO (lavanderia, central de ferramentas, cantinho dos animais de estimação).
- BANHEIROS (social, suíte, lavabo).
- ESCRITÓRIO (home-office, cantinho de costura, cantinho de artesanato, estúdio).
- QUARTO (solteiro, casal, criança, bebê, _closet_).
- ÁREA EXTERNA (varanda, terraço, quintal, garagem).

Mantendo a casa em ordem   183

Organizando a limpeza e a arrumação da casa por áreas, semanalmente

Vamos propor aqui um modelo semanal de manutenção da casa. Existem outras maneiras de fazê-lo. Por exemplo: algumas pessoas gostam de limpar aos sábados. Você também pode fazer assim, se quiser, mas vamos propor algo mais distribuído ao longo da semana. Vamos conversar para ver o que funciona melhor para cada um.

Um mês invade cinco semanas, apesar de algumas semanas terem menos dias (há meses que começam na sexta-feira, por exemplo). Vamos ver o mês de abril de 2015:

dom.	seg.	ter.	qua.	qui.	sex.	sáb.
29	30	31	1	2	3	4
5	6	7	8	9	10	11
12	13	14	15	16	17	18
19	20	21	22	23	24	25
26	27	28	29	30	1 maio	2

Observe que o mês de abril de 2015 começou em uma quarta-feira e terminou em uma quinta-feira, tendo, portanto, cinco semanas (porém, não completas) para trabalharmos.

A ideia é distribuir as áreas da casa ao longo das semanas. Essa distribuição pode ser personalizada. O critério é juntar áreas que deem mais trabalho com áreas menos complexas. Também é importante saber que a primeira e a quinta semanas normalmente têm menos dias – logo, deixe áreas mais trabalhosas (como a cozinha e os banheiros) para semanas que sempre estão cheias, como a segunda, a terceira e a quarta).

Exemplo:

- SEMANA 1 – **1 a 4 de abril** – entrada e sala.
- SEMANA 2 – **5 a 11 de abril** – cozinha.
- SEMANA 3 – **12 a 18 de abril** – banheiros e área de serviço.
- SEMANA 4 – **19 a 25 de abril** – quartos e escritório.
- SEMANA 5 – **26 a 30 de abril** – área externa.

Isso não significa que você só vai lavar a louça uma vez por mês! Nós teremos checklists de manutenção para fazer diariamente, semanalmente etc. Significa apenas que teremos foco em determinadas áreas em cada uma das semanas.

ROTINAS DE LAVANDERIA

O cuidado com as roupas também deve entrar na rotina da casa.

As roupas podem ser lavadas (algumas peças demandam cuidados especiais), estendidas, passadas e, depois, guardadas. Além disso, há o cuidado de manutenção que envolve costuras, tratamento de tecidos, ajustes, entre outros.

Mantendo a casa em ordem 185

Nossa sugestão para lavanderia: distribuir semanalmente.

DOMINGO	SEGUNDA	TERÇA	QUARTA
Lavar roupas claras + Estender + Guardar roupas que estão fora do lugar	Verificar se alguma peça precisa de atenção + Guardar roupas que estão fora do lugar	Lavar roupas íntimas + Estender + Guardar roupas que estão fora do lugar	Passar + Guardar roupas que estão fora do lugar

QUINTA	SEXTA	SÁBADO
Levar roupas à lavanderia ou à costureira + Guardar roupas que estão fora do lugar	Lavar roupas escuras + Estender + Guardar roupas que estão fora do lugar	Comprar roupas novas ou separar roupas para doação + Guardar roupas que estão fora do lugar

Nós separamos a lavagem em roupas claras e em roupas escuras. Há pessoas que misturam, como há pessoas que gostam de separar também as coloridas. Outras, com bebê em casa, precisam lavar as roupas dele separadamente. O modelo anterior é um padrão que pode ser alterado. A ideia foi torná-lo coerente com o planejamento semanal (por exemplo: na quinta

186 Casa organizada

(dia de resolver coisas na rua), você deixa para levar as roupas à lavanderia ou à costureira, se precisar).

Vale lembrar que nem sempre você cumprirá o estabelecido. Se você não tiver roupas escuras suficientes para encher a máquina, deixe passar mais uma semana até o próximo ciclo. Se não tiver roupas para passar, não precisa mexer com suas roupas (além de guardar aquelas que estão fora do lugar). Você não deve comprar roupas semanalmente mas, quando precisar, vá aos sábados, e por aí vai...

Também é importante observar os símbolos de cada roupa, para cuidar dos materiais ao lavá-la:

LIMPEZA A SECO
Realizado normalmente em lavanderias.

LAVAR COM ÁGUA
A peça pode ser lavada normalmente à mão em máquina de lavar ou tanquinho.

TEMPERATURA MÁXIMA
Essa é a temperatura máxima da água a ser usada na lavagem 95°C.

ALVEJADO COM CLORO
O tecido passou por um tratamento com cloro para apresentar a cor atual.

PODE-SE USAR ALVEJANTE
Com menos probalidade de danificar o tecido.

NÃO PODE USAR ALVEJANTE CLORADO NO TECIDO.

PODE SER LAVADO A SECO.

PROIBIDO PASSAR A FERRO.

A PEÇA PODE SER PASSADA A UMA TEMPERATURA MÁXIMA DE 200°C.

PRECAUÇÃO
Nesse caso a temperatura máxima da água é de 40°C.

LAVAR À MÃO
Não colocar a peça na máquina ou tanquinho

PROIBIDO LAVAR COM ÁGUA.
Utilizar lavagem a seco ou outra técnica de limpeza.

PROIBIDO LAVAR A SECO.

PERMITIDO O USO DE SOLVENTES MINERAIS, BENZINA E AGUARRÁS.

A PEÇA PODE SER PASSADA A FERRO.

A PEÇA PODER SER PASSADA A UMA TEMPERATURA MÁXIMA DE 110°C.

A PEÇA PODE SER PASSADA A UMA TEMPERATURA MÁXIMA DE 150°C.

Liste as áreas da sua casa com base no modelo da página 184.

Mantendo a casa em ordem 187

Distribua as áreas para as cinco semanas de cada mês.

Semana 1

Semana 2

Semana 3

Semana 4

Semana 5

Lembra-se da nossa agenda da semana? Vamos integrar os dois conceitos:

DOMINGO	SEGUNDA	TERÇA	QUARTA
Dia de descansar	Dia de limpar	Dia de se divertir	Dia de trabalhar em algum projeto

QUINTA	SEXTA	SÁBADO
Dia de resolver coisas na rua	Dia de curtir com o marido (ou esposa)	Dia de passear

Na prática, isso significa o seguinte:

Domingo – Dia de fazer coisas que me deixam com um bom estado de espírito. Se eu quiser dormir até mais tarde, este é o dia. Praticar um hobby, ir à Igreja, meditar, ler um livro, ver um filme ou simplesmente ficar sem fazer nada!

Segunda – Primeiro dia de trabalho da semana, é quando você vai trabalhar na sua lista de limpeza detalhada de cada área da semana.

Terça – Dia de fazer coisas de que você gosta: assistir um filme ou uma série preferida, ler livros e revistas, montar um quebra-cabeça, ir ao cinema, fazer um *minispa* em casa. Essas atividades podem levar menos tempo, então os minutos restantes podem ser aproveitados de outras maneiras.

Quarta – Se você precisa organizar algum cômodo, destralhar, pintar uma parede, um móvel, enfim, tem um projeto relacionado àquela área da semana, este é o dia de fazê-lo. Se não tiver, pode aproveitar o tempo para outras atividades.

Quinta – Dia de ir ao mercado, ao correio, ao banco, à lavanderia, ao shopping e executar outras atividades que precisamos fazer fora de casa. Não faça essas coisas às sextas-feiras ou nos finais de semana (se tiver escolha), porque os lugares estão mais cheios e você perderá tempo.

Sexta – Dia de preparar aquele jantar especial, sair com os amigos (se for solteiro/a), ficar junto com o marido (esposa)/família.

Sábado – Dia de ir ao teatro, parque, piquenique, museu, feira de rua, musical, show, espetáculo, circo, viajar e fazer outras atividades vinculadas a passeios.

Observação importante

Levando-se em consideração que cada meio período à noite seja composto por quatro horas (das 19:30 às 23:30), você pode replicar essas atividades para dias diferentes, caso tenha aula à noite, por exemplo. Ou delegar atividades para outras pessoas.

Aplicação do modelo a um cômodo específico. Exemplo: cozinha.

DOMINGO	SEGUNDA	TERÇA	QUARTA
Dia de descansar	Dia de limpar	Dia de se divertir	Dia de trabalhar em algum projeto

QUINTA	SEXTA	SÁBADO
Dia de resolver coisas na rua	Dia de curtir com o marido (ou esposa)	Dia de passear

Atividades para fazer em cada dia da semana especificamente (não estamos falando das tarefas diárias):

Domingo
- Servir "café da manhã de hotel" para a família.

Segunda
- Trabalhar na lista de limpeza detalhada:
- Limpeza geral[1]
  - Tirar o pó dos móveis e armários.
  - Limpar chão.
  - Limpar fogão.
  - Limpar azulejos.
  - Limpar os eletrodomésticos por fora.

---

[1] Limpeza que você precisa fazer semanalmente.

Mantendo a casa em ordem 191

- Arrumação[2]
  - Trocar panos de prato e toalhas.
  - Guardar louça que está no escorredor.
- Itens específicos[3]
  - Limpar a geladeira.
  - Limpar o forno.
  - Limpar o micro-ondas.
  - Limpar o escorredor.

Terça
- Preparar uma receita deliciosa que sempre quis fazer, mas nunca tive tempo.

Quarta
- Instalar quadrinhos novos na parede.
- Limpar a geladeira (se não consegui fazê-lo na segunda).

Quinta
- Ir à loja de artigos para casa comprar um novo jogo de panelas.

Sexta
- Preparar jantar romântico.
- Preparar encontro para amigos em casa.

Sábado
- Conhecer o Mercado Municipal de São Paulo.

---
[2] Arrumação que você precisa fazer semanalmente ou ocasionalmente.
[3] Itens especiais que você pode encarar como pequenos projetos ou missões.

Lista de limpeza detalhada de cada cômodo

Trata-se da lista de limpeza, arrumação e manutenção completa para cada cômodo da casa. Se você pudesse parar o mundo por algumas horas, o que teria de fazer para considerar aquele cômodo impecável? Não estamos buscando o impecável, contudo é interessante ter uma referência. Se você tiver faxineira ou empregada, pode utilizar essas listas como guia.

Como fazer

Com um caderninho, percorra sua casa e anote, cômodo a cômodo, o que precisa ser feito em cada um deles e a frequência necessária. Exemplo: Tirar o pó dos móveis – 1 vez por semana.

Exemplo de listas detalhadas de limpeza (para inspiração):

COZINHA

- Limpar o piso – varrer diariamente, passar um pano duas vezes por semana, limpeza mais completa mensalmente.

- Limpar o fogão – superficialmente todos os dias, limpeza completa uma vez por semana.

- Tirar os potes de cima do armário e limpar – uma vez por semana.

- Limpar as portas dos armários – uma vez por semana.

- Tirar tudo dos armários e limpar dentro – uma vez por mês.

- Limpar a pia – todo dia.

- Limpar azulejos – uma vez por mês.

Mantendo a casa em ordem 193

- Trocar panos de prato – uma vez por semana.
- Lavar a louça – todos os dias.
- Limpar os vasinhos que ficam em cima da pia – uma vez por semana.
- Limpar o forno – uma vez a cada 15 dias.
- Limpar atrás da geladeira – sazonalmente.
- Limpar as portas e a lateral da geladeira – uma vez por semana.
- Limpar em cima da geladeira e os utensílios que estão nela – uma vez por semana.
- Limpar o micro-ondas – uma vez por semana.
- Lavar tapetinho – a cada 15 dias.
- Limpar o escorredor – a cada 15 dias.
- Limpar marcas de dedos nas paredes – uma vez por semana.
- Tirar o pó da lâmpada – uma vez por mês.

BANHEIRO

- Limpar o vaso – uma vez por semana.
- Limpar as portas do boxe – uma vez por semana.
- Limpar os azulejos – a cada 15 dias.
- Limpar espelho – uma vez por semana.
- Limpar armário – uma vez por mês.
- Tirar pó dos móveis – uma vez por semana.
- Limpar chuveiro – uma vez por mês.

- Limpar o piso – uma vez por semana.
- Limpar pia – superficialmente todos os dias, mais completa uma vez por semana.
- Lavar tapetinho – uma vez por semana.
- (etc.)

QUARTO

- Trocar roupa de cama – uma vez por semana.
- Tirar pó dos móveis – uma vez por semana.
- Limpar marcas de dedos nas paredes – uma vez por semana.
- Limpar o piso – uma vez por semana.
- Separar roupas para doar – sazonalmente.
- (etc.)

ESCRITÓRIO

- Limpar fios do computador – uma vez por mês.
- Limpar mesa – uma vez por semana.
- Tirar pó dos móveis – uma vez por semana.
- Limpar o piso – uma vez por semana.
- (etc.).

No blog, você encontra listas detalhadas de limpeza para esses e outros cômodos. Disponível em: <http://vidaorganizada. com/?s=listas+de+limpeza+detalhada>. Acesso em: 13 maio 2016.

Mantendo a casa em ordem 195

CHECKLIST DIÁRIA

As checklists servem para que você não se esqueça de nada e garanta em sua casa o padrão de qualidade que você espera manter.

Existem atividades que precisam ser feitas diariamente para manter a casa em ordem, as quais contemplam aquelas essenciais – não podemos tratar como "lista de desejos". Devem ser realmente as atividades que você precisa fazer diariamente para a casa não "cair".

Exemplo de atividades essenciais que precisam ser feitas diariamente:

- Preparar comida.
- Lavar a louça.
- Abastecer os banheiros com papel higiênico.
- Esvaziar as lixeiras.
- Arrumar as camas.
- Limpar a pia da cozinha.
- Tirar manchas de pasta de dente da pia do banheiro.

Quais são as atividades que você precisa fazer diariamente para manter sua casa em ordem?

_____ _____

_____

_____

CHECKLIST SEMANAL

Existem atividades que, independentemente da nossa distribuição das áreas por semanas, precisam ser feitas toda semana. Essas atividades podem ser realizadas em um único dia ou, como recomendamos, distribuídas ao longo dos dias durante toda uma semana.

Exemplo de atividades essenciais que precisam ser feitas semanalmente:

- Limpar o piso de todos os cômodos.
- Limpar o vaso dos banheiros.
- Limpar a porta do boxe do banheiro.
- Limpar o fogão.
- Tirar o pó dos móveis.
- Trocar a roupa de cama.
- Preparar e congelar feijão.

Você percebeu que algumas atividades das listas detalhadas de limpeza aparecem aqui também? Isso porque as listas detalhadas de limpeza possuem atividades que demandam frequências diversas, sendo comum aparecerem em todas as checklists. Essa realmente é a ideia: primeiro, listamos o que precisamos fazer em cada cômodo para que eles fiquem limpos e em ordem – agora, estamos vendo com que frequência devemos fazê-lo, para organizar nossa rotina.

Perceba também como inseri uma atividade relacionada ao preparo de comida. Pode ser que, em sua casa, você prepare as refeições diariamente ou semanalmente. São tarefas do mesmo jeito.

Mantendo a casa em ordem

Veja também que a frequência varia de pessoa para pessoa. O que para mim pode ser feito semanalmente, para outra pessoa pode ser feito diária ou mensalmente. Não existe certo ou errado, mas sim o que funciona para cada um.

As tarefas semanais podem ser distribuídas ao longo dos dias da semana ou feitas em um único dia (exemplo: sábado).

Quais são as atividades que você precisa fazer semanalmente para manter sua casa em ordem?

_____
_____
_____
_____
_____
_____
_____

CHECKLIST MENSAL

Algumas atividades em casa não precisam ser feitas com tanta frequência. Eu gosto de inserir na checklist mensal tarefas que precisam ser feitas de 15 a 30 dias.

Exemplo de atividades que precisam ser feitas quinzenal ou mensalmente:

- Limpar fios do computador.
- Limpar cabos da TV.

- Limpar em cima do chuveiro.
- Limpar os azulejos do banheiro.
- Lavar os tapetinhos da cozinha.
- Limpar armários da cozinha por dentro.

É comum as tarefas mensais serem mais demoradas que as semanais. No geral, essas atividades podem ser feitas na segunda-feira da semana da área ou ao longo da semana, se for um projeto (na quarta-feira), por exemplo. Você também pode agrupar atividades semelhantes (lavar todos os tapetinhos ou limpar todos os cabos, por exemplo).

Quais são as atividades que você precisa fazer mensalmente para manter sua casa em ordem?

_____

_____

_____

_____

_____

_____

_____

CHECKLIST SAZONAL

Gosto de manter uma checklist sazonal porque acho interessante observar as estações e promover mudanças em casa de acordo com elas. As estações nos dão a oportunidade de adequar nossa casa ao clima e também planejar nossas refeições aproveitando os alimentos da época, promovendo nossa

Mantendo a casa em ordem 199

comunhão com a natureza, ensinando as crianças sobre isso e também economizando dinheiro (os alimentos de época são mais baratos).

Exemplo de atividades que podem ser feitas sazonalmente:

- Verificar lista de alimentos da época para planejar o menu semanal.
- Guardar roupas de frio/de calor na parte de cima do armário.
- Dedetizar a casa.
- Pesquisar sementes adequadas à época para plantar.
- Separar roupas para doar.
- Trocar cortinas por tecidos mais leves/mais pesados.

Quais são as atividades que você precisa fazer sazonalmente para manter sua casa em ordem?

_____
_____
_____
_____
_____
_____

CHECKLIST SEMESTRAL

Existem algumas poucas atividades que podemos fazer apenas duas vezes por ano, mas precisamos nos lembrar delas.

200   Casa organizada

Exemplo de atividades que podem ser feitas semestralmente:

- Pintar a casa.
- Virar o colchão.
- Levar edredons e cobertores à lavanderia.
- Comprar material escolar.

Quais são as atividades que você precisa fazer semestralmente para manter sua casa em ordem?

_____

_____

_____

CHECKLIST ANUAL

Também existem atividades que precisamos fazer apenas uma vez por ano.

Exemplo de atividades que precisamos fazer anualmente:

- Marcar *check-up* geral para todos os membros da família.
- Declarar o Imposto de Renda.
- Comprar presentes de Natal.
- Guardar enfeites de Natal.

Quais são as atividades que você precisa fazer anualmente para manter sua casa em ordem?

___

OUTRAS CHECKLISTS

Você pode criar checklists para facilitar sua vida.

Outros exemplos de checklists:

- Rotina noturna de cuidados pessoais.
- Tarefas diárias no meu trabalho.
- Mala de viagem para final de semana.
- Mala de viagem para uma semana na praia.

Outras checklists que facilitariam minha vida.

___

Capítulo 6

Curtindo a casa
que se tem

Você destralhou sua casa. Conseguiu deixar dentro dela apenas os objetos que fazem sentido para você e para a sua família, são úteis, bonitos ou você realmente gosta por algum motivo especial. Entende que isso é um processo que não acaba nunca, porque gostos mudam, e objetos nunca acabam de chegar à nossa casa.

Você encontrou as soluções mais adequadas às necessidades do seu lar. Pautou-se pela funcionalidade, pela praticidade, e a organização faz sentido. Tudo flui. A arrumação acontece facilmente. É simples colocar de volta um objeto no lugar. Cada coisa tem seu lugar certo.

Manter a casa arrumada não parece mais uma utopia distante. Claro que há espaço para melhorias – sempre há. Mas você já deu longos passos rumo àquilo que considera uma casa legal, uma rotina ok e uma vida tranquila dentro do seu lar. Basta manter, dia a dia, sem estresse.

Ter um dia a dia tranquilo depende essencialmente de a gente manter os cinco passos da organização de maneira cíclica e sob demanda. Eles nunca deixam de acontecer. O tempo todo nós podemos perceber a necessidade de destralhar, de encontrar novas soluções de armazenamento, de arrumação no dia a dia, de manter as soluções encontradas. Quando sua casa e sua rotina entram nesse estado de fluxo, de que a engrenagem está funcionando, você pode dizer que está finalmente curtindo a sua casa.

E não se trata apenas de poder se sentar tranquilamente no sofá com seu livro preferido, olhar ao redor e curtir o que vê. Sim, essa é uma das partes mais gostosas. O curtir, porém, tem a ver com gostar de todo o processo de cuidado com a casa. Lavar roupa não é chato, porque você não tem tanta roupa assim, para começar. A máquina de lavar não é um trambolho. O varal que você instalou – ou a secadora, se achou que essa era a solução que melhor atendia à sua necessidade – faz sentido. A gente só fica estressado com as tarefas de casa quando elas nos incomodam, e elas apenas nos incomodam quando são difíceis de ser executadas. O segredo está em torná-las fáceis. Foi o que eu busquei ensinar através dos cinco passos da organização aqui neste livro. Mas ainda tem mais!

De nada adianta ter uma casa organizada se você é escravo dela – passa mais tempo limpando e arrumando que curtindo a vida ali dentro. Eu não quero ter um armário cheio de pratarias polidas – eu quero usar as minhas pratarias em jantares significativos com amigos e familiares! Eu não quero uma decoração com cara de revista – eu quero olhar para a parede e ver um quadro que me lembra a última viagem que eu fiz, a foto do meu casamento e um desenho que meu filho fez para mim.

Mais do que ter cômodos em ordem, é poder abrir uma gaveta e saber que não há roupas em excesso, nem roupas de menos, assim como alimentos, objetos, panelas, roupas de cama, artigos de decoração no geral. São todas coisas de que

Curtindo a casa que se tem

eu gosto muito, minha família gosta ou coisas que usamos. Não tenho tralhas guardadas em caixas, escondidas no fundo de um armário ou em uma estante no alto. Eu não passo por uma pilha de revistas velhas em um canto da casa ou pelo quarto da bagunça e torço os lábios inconscientemente imaginando que, um dia, eu vou dar um jeito naquilo ali. Eu já dei! Já destralhei, organizei, arrumei e aprendi a manter! Agora eu estou simplesmente curtindo essa vida que aprendi a levar, com tranquilidade, sabendo que tenho uma casa legal, que reflete quem sou e na qual tenho vontade de ficar.

Quando você chegar a esse momento com a sua casa, encontrará três tipos de atividades que nortearão o seu dia a dia:

- Rotinas
- Coisas que acontecem
- Projetos

    - Rotinas são aquelas atividades que você já sabe que precisam acontecer, como lavar a louça, a roupa, guardar o que estiver fora do lugar, preparar a comida, limpar o piso etc.
    - Coisas que acontecem são atividades não previstas – uma panela com molho de macarrão que cai no chão e toma um tempão para você limpar, uma torneira que quebra, a energia elétrica que acaba e deixa a casa sem luz enquanto você precisa fazer uma série de tarefas, um filho que se machuca enquanto a panela de pressão está no fogão e outras do tipo. São os imprevistos.

- **Projetos** são as atividades que você vai querer implementar quando desejar ver mudanças na sua casa, como pintar uma parede, instalar um armário embutido, trocar o piso e muito mais.

Nosso dia a dia em casa é composto por esses três tipos de atividade, e o que quero propor aqui é que você busque um equilíbrio entre os três, a fim de conseguir manter a sua casa em ordem e transformá-la cada vez mais no seu lar.

Gosto de dizer que as rotinas devem ser realmente o essencial – aquilo que você deve fazer, custe o que custar. Você viu mais sobre elas no Capítulo 5 sobre o Passo 4 – Manter, através do uso de checklists. Use e abuse desse recurso para estabelecer rotinas na sua casa. Você pode fazer uso de ferramentas como agendas e aplicativos de tarefas para que elas funcionem bem, além de outras alternativas já vistas no mesmo capítulo. As rotinas devem ser a essência do seu dia a dia, quase entrando no seu piloto automático, de modo que, a cada dia, você perca menos tempo com elas e otimize seu tempo cada vez mais ao executá-las.

E o mais interessante é que você pode, com a experiência, descobrir maneiras de otimizar esse tempo. Por exemplo, se você costuma investir muitas horas preparando as refeições, ao implementar um menu semanal, poderá economizar bastante tempo ao longo da semana – o qual pode ser usado para outras atividades com a sua família, estudos ou lazer. Isso vale para todos os processos do seu dia a dia.

Lidar com os imprevistos pode parecer um pouco mais desesperador, mas a ideia é que você possa ter um "plano B" para tudo com o passar do tempo. O que fazer se a energia elétrica acabar? O que fazer se a panela de pressão explodir? O que fazer se alguém da família passar mal? O que fazer se

Curtindo a casa que se tem

algum encanamento for perfurado? Tudo isso é meramente questão de organização que você vai aprendendo aos poucos. Não se cobre! Vá aprendendo com o seu dia a dia mesmo, com os acontecimentos.

Por fim, os projetos promovem as mudanças que você quer ver na sua casa. Dificilmente você se mudará para uma casa que está 100% do jeito que você queria, na verdade, muita gente diz que a casa é como nós somos por dentro: nunca está pronta e imutável. Sempre terá uma ou outra coisa que você queira mudar ou consertar. Isso são projetos e fazem com que você curta ainda mais o lugar onde mora. Exemplos:

- Instalar armários aéreos na área de serviço
- Colocar gabinete no banheiro
- Trocar fiação da casa
- Colocar ar-condicionado no home-office
- Comprar novas cadeiras para a cozinha
- Trocar de geladeira
- Comprar um sofá novo
- Trocar o colchão
- Fechar a varanda com vidro

Decida por ordem de prioridade o que será feito primeiro e, de acordo com o seu poder aquisitivo, vá investindo tempo e dinheiro em seus projetos.

Uma maneira legal de trabalhar com projetos em casa é escolher um cômodo por mês e fazer o possível para melhorá-lo dentro do seu orçamento. Por exemplo:

- Janeiro: Cozinha
- Fevereiro: Área de serviço

210   Casa organizada

- MARÇO: Sala de jantar
- ABRIL: Sala de estar
- MAIO: Varanda
- JUNHO: Home-office
- JULHO: Banheiro social + quarto do casal
- AGOSTO: Banheiro da suíte
- SETEMBRO: Quarto do bebê
- OUTUBRO: Cozinha (novamente)
- NOVEMBRO: Área de serviço (novamente)
- DEZEMBRO: Sala de jantar (novamente)

A ideia é que, quando acabarem os cômodos, eles voltem a se repetir sequencialmente. Você pode ter uma lista de tudo que precisa ser feito em cada um dos cômodos e, quando chegar o mês em questão, escolher aquilo que estiver dentro do seu orçamento para fazer. Mais exemplos:

Julho: Quarto do casal

- Comprar novo jogo de lençóis
- Mandar tingir as cortinas
- Pintar a parede de azul
- Instalar quadrinhos em cima da cama
- Mandar lavar o tapete
- Trocar os puxadores do criado-mudo
- Comprar uma colcha nova
- Instalar um espelho na porta do guarda-roupa

Então, analisando seu orçamento para esse mês, você constata que consegue instalar os quadrinhos, comprar uma colcha nova e pintar a parede de azul. Muito legal! Agora é só colocar a mão na massa! Além de definir um foco para o mês, você vai sentir todo o tempo que está investindo para tornar a sua casa um lugar legal e seu para morar.

Se você tiver talento para artes manuais ou marcenaria, pode investir seu dom em projetos do tipo "faça-você-mesmo" e construir mesas, artigos de decoração e muito mais! O céu é o limite!

As estações

Uma das maneiras mais interessantes de curtir a sua casa é acompanhar o ritmo das estações.

Dependendo do lugar onde você mora, pode ser que as estações não sejam tão marcadas. Mesmo assim, você pode observar épocas de climas distintos ao longo do ano. Busque essa conexão com a natureza e veja se consegue fazer com que ela se reflita na sua relação com a casa.

Se estiver calor...

- Lave a roupa de cama de inverno
- Cuide do quintal e da área externa da sua casa
- Monte um cantinho externo agradável para ficar
- Planeje seu cardápio com mais frutas da estação
- Monte uma pequena horta em casa
- Deixe as janelas abertas para o ar circular
- Troque cortinas e roupas de cama por materiais mais leves
- Use cores mais claras na decoração
- Tenha sempre uma bebida fresca na geladeira

212   Casa organizada

- Instale um guarda-chuva na entrada de casa
- Acorde mais cedo para fazer outras coisas
- Use menos a máquina de secar e pendure mais a roupa no varal
- Espalhe flores pela casa
- Coloque uma moringa com água fresca ao lado da cama
- Regue as plantas com as crianças

Se estiver frio...

- Dê mais atenção aos tapetes e a tudo que acumula pó
- Troque as cortinas e roupas de cama por materiais mais pesados
- Mantenhas as toalhas secas
- Tire o pó dos móveis com mais frequência
- Prepare refeições confortáveis
- Deixe uma manta no sofá
- Guarde as roupas de praia e de calor em um lugar menos acessível
- Abuse dos líquidos quentes

Transforme a sua casa

Seja você o extrovertido da turma ou do "bloco-do-eu-sozinho", sua casa pode ser o lugar certo para curtir momentos fazendo o que você gosta: investindo tempo em um hobby, estudando, recebendo amigos, cozinhando, comemorando um aniversário, jogando videogame, assistindo a um filme ou fazendo uma maratona de séries. Faça com que ela reflita isso!

No geral, as casas são tão diferentes das casas de revistas que até as funções dos cômodos podem variar! Já vi empreendedores transformarem a sua sala em um escritório funcional e fazer a sala de estar no quarto menor (geralmente destinado aos minúsculos home-offices) e grupos de amigos transformarem a sala em um salão de jogos. Já vi salas de estar sem TV e cozinhas sem geladeira (estava na sala!), assim como cozinhas que viraram áreas de serviço maiores porque a varanda *gourmet* virou a cozinha principal do apartamento. Busque soluções criativas para a vida que você tem, não para a vida que convencionou-se ser a certa dentro da casa dos outros.

Que mudanças eu gostaria de ver na minha casa hoje para transformá-la num lugar que tenha mais a ver comigo, a vida que levo ou gostaria de levar no futuro?

_____
_____
_____
_____
_____
_____
_____

O que falta para eu viver com tranquilidade e curtir a minha casa hoje?

_____
_____
_____
_____
_____
_____
_____

Dicas para relaxar ao final de um longo dia de trabalho

O que fazer para desligar a mente do trabalho, especialmente quando a gente trabalha em casa (mas até para quem trabalha fora) e conseguir descansar um pouco?

Claro que deixar as coisas minimamente organizadas no fim de um expediente ajuda a deixá-lo(a) tranquilo(a). De qualquer forma, para conseguir relaxar, eu recomendo as seguintes atividades:

- Troque de roupa. Existe algum clique mental mágico entre trocar de roupa quando você para de trabalhar, mesmo que você trabalhe em casa. Se você chega da rua, só o fato de tirar os sapatos já denuncia: ufa, estou em casa. E trocar de roupa deixa você em um estado caseiro diferente, pronto(a) para deixar o trabalho para trás e cuidar de outras coisas. Portanto, troque de roupa e vista algo mais confortável, para relaxar mesmo.

- Crie um clima. Você pode estar sozinho(a) ou com outras pessoas, mas mantenha o astral legal, porém calmo. Tente evitar a agitação. Coloque uma música de fundo (pode ser até no celular). Eu sugiro jazz, bossa nova ou mesmo *folk* e *soft rock*. Coloque uma música gostosa de fundo, curta, feche os olhos, cante e dance junto.

- Pegue uma bebida. Pode ser o seu suco preferido, uma taça de vinho, um chá, um copo de iogurte – não importa. Pegue algo para beber. Existe algo no fato de você colocar uma bebida no copo, encostar no móvel da cozinha e parar para pensar na vida, calmamente,

Curtindo a casa que se tem

enquanto bebe e ouve a música, sem fazer mais nada. Se estiver com a sua família, conversem sobre como foi o dia de vocês.

- Agradeça mentalmente por esse momento.

Aqui, parênteses: sei que você tem bastante coisa para fazer em casa. Todo mundo tem. Estou sugerindo que você pegue mais leve e vá mais devagar durante alguns minutos quando chegar em casa (ou parar de trabalhar, se trabalhar em casa) antes de começar a correria novamente, apenas para relaxar um pouco.

Relaxou? Foi mais devagar? Conseguiu respirar um pouco? Agora é hora de começar a fazer suas tarefas em casa, do jantar às roupas para lavar, a arrumação diária e todo o restante que sabemos que faz parte; mas pelo menos você conseguiu inserir uns minutinhos de mente plena e significado ali entre uma coisa e outra, e não saiu atropelando o próprio tempo.

31 ideias de atividades para fazer em família durante a semana

Quem trabalha fora já deve ter percebido que ficar com os filhos à noite demanda criatividade para que a gente não caia no "combo" lição de casa + TV. Não que tenha algo de errado em fazer isso, mas já conversei com outros pais e todos se sentem um pouco frustrados porque gostariam de fazer outras atividades, mas não sabem muito bem o quê. Por isso, eu quis trazer 31 ideias – uma para cada dia do mês – para você fazer com os seus filhos. Divirta-se!

1 Escolha uma trilha sonora divertida e faça um concurso de dança ou simplesmente dancem juntos.

2 Faça uma barraquinha com lençol na mesa da cozinha ou no sofá da sala e brinquem de acampamento.

3 Escolha um filme novo (ou que vocês já tenham visto dezenas de vezes) e prepare pipoca para uma sessão de cinema em casa!

4 Joguem um jogo de tabuleiro.

5 Organize uma caça ao tesouro. Desenhe um mapa simples e coloque recadinhos pela casa com pistas. Ao final, o tesouro pode ser desde uma lembrancinha até algo que seu filho queira muito.

6 Cozinhem juntos uma receita fácil, como minipizzas.

7 Pintar uma obra de arte para a casa. Compre uma tela ou use uma folha grande em tamanho A3 e pintem juntos. Emoldure depois!

8 Faça a noite do sundae! Compre o sabor preferido dos seus filhos e monte um sorvete delicioso!

9 Escolha algum tipo de artesanato com sucata relacionado à época do ano em que estiverem e façam juntos.

10 Se vocês gostarem de vôlei, futebol ou outro esporte, fique de olho na programação na TV para fazer uma festinha no dia da competição. Vocês podem ter bandeirinhas, placar e se preparar para o dia fazendo contagem regressiva.

11 Façam palavras-cruzadas juntos.

12 Brinquem de massinha.

Curtindo a casa que se tem

13 Organize uma noite temática! Noite da Disney, noite da Itália, noite do Japão, noite da Peppa. Nessa noite, faça um jantar com comidinhas relacionadas, assistam a um filme, falem sobre o tema.

14 Montem uma casa de bonecos com uma caixa de papelão.

15 Brinquem de pega-pega (cuidado com os vasos!).

16 Aprendam a fazer alguma dobradura juntos.

17 Montem um desenho com a árvore genealógica da família.

18 Escrevam cartinhas para outras pessoas da família, como vovôs e titias.

19 Decorem a casa para alguma data comemorativa.

20 Desenhem juntos. Façam uma competição de *Imagem & Ação*, se tiverem o jogo.

21 Montem castelos com blocos.

22 Observem as estrelas e fiquem procurando estrelas cadentes ou discos voadores!

23 Faça algum experimento científico. Na internet você encontra muitas opções fáceis de fazer em casa com as crianças.

24 Customizem uma camiseta velha juntos. Vocês podem usar tinta, purpurina e o que mais quiserem.

25 Preparem biscoitos.

26 Brinquem de *karaoke*.

27 Montem um quebra-cabeça.

28 Lavem os bonequinhos de brinquedo juntos e diga que é hora do banho para eles!

29 Joguem dominó.

30 Façam competição de aviões de papel. Quem consegue jogar mais longe?

31 Monte uma pista com fita adesiva no chão e brinquem de corrida com carrinhos ou bonecos.

Ame a sua casa

Amor significa "forte afeição". Pode parecer um termo forte para se referir a um local específico. No entanto, se levarmos em conta que a nossa casa é o lugar onde vivemos todos os dias, mantendo um relacionamento que, muitas vezes, dura mais do que o nosso relacionamento com algumas pessoas, por que não poderíamos amá-la?

Quando amamos nossa casa, não achamos legal ter um quarto da bagunça, por exemplo. Nem uma gaveta cheia de tralhas, isso é desperdiçar espaço nela. É desperdiçar espaço que poderia ser usado por você e sua família para guardar coisas que são importantes e para aproveitar momentos de tranquilidade. Nós temos CUIDADO. Queremos arrumar e manter conosco somente aquilo que amamos. Por isso, baseada nessa ideia, eu gostaria de tecer algumas recomendações:

- Tenha um compromisso com a sua casa, como se fosse um encontro ou uma reunião importante. Se você marcou na agenda que hoje à noite é dia de tirar as teias de aranha, ou que sábado é dia de fazer faxina – qualquer que seja o compromisso, seja fiel a ele. Não deixe de cuidar da sua casa para fazer qualquer outra tarefa irrelevante ou até com prioridade menor. Veja sua casa como um santuário que tem tudo a ver com você e precisa ser cuidado diariamente, como uma plantinha, ou mesmo seu corpo (ou você fica sem beber água, sem se alimentar etc.?). Cumpra os compromissos com a sua casa – limpe a pia do banheiro, guarde a louça limpa, recolha a roupa em um cesto. Sua casa é o bem material mais importante que você tem, não importa se é própria ou alugada. Você está ali, envolvendo sua energia, diariamente, e precisa fazer dela um lugar que lhe traga a noção de lar.

- Sempre que puder, traga flores para dentro da sua casa. Mas flores de verdade. Todo mundo diz que elas dão outro ar para o ambiente, e dão mesmo.

- Abra as janelas. Manter portas e janelas fechadas vai fazer a sua casa mofar. Ar fresco sempre renova e faz uma diferença enorme no humor.

- Tire a tralha. Você já deve estar cansado(a) de ler isso por aqui, mas tralha não leva a nada. Uma coisa é ter uma coleção. Ok. Outra coisa é manter caixas cheias de itens e papéis inúteis que não têm nenhuma utilidade e apenas ocupam um espaço valioso. Isso vale para roupas que você não usa e eletrodomésticos, por exemplo.

- Preste atenção nos detalhes. A diferença entre uma coisa boa e outra sensacional sempre reside nos detalhes. Então preste atenção naquele canto cheio de poeira ou nas teias de aranha no teto. Quando você presta atenção nessas pequenas coisas, todo o conjunto funciona melhor.

E, sempre que você sentir que perdeu essa conexão, volte ao básico:

- Destralhe
- Organize
- Arrume
- Mantenha
- Curta!

De que outra maneira você acha que podemos demonstrar amor pela nossa casa? O que você gostaria de ver nela daqui para a frente? E o mais importante: como você acha que pode fazer as outras pessoas que moram nela sentirem esse amor por viver melhor? É disso que estamos falando aqui, quero que você tenha uma casa organizada para poder viver em um verdadeiro refúgio. Comece hoje esse processo e ame sua casa independentemente do tamanho dela ou da quantidade de dinheiro que você tem de investir em uma reforma, por exemplo. Faça do seu lar um reflexo daquilo que você tem de mais bonito.

E como começar?

Muitas vezes, no final de um curso que eu ministro ou palestra que realizo em algum evento, os(as) leitores(as) do blog vêm conversar comigo. É sempre um momento muito bacana e eu consigo perceber algumas ideias que podem ser abordadas em formato de textos no blog. Por exemplo, algo que eu ouço muito (e leio nos comentários) é: "Thais, sinceramente, eu amo o seu blog. Adoro as suas dicas – você faz parecer tão fácil... Eu já entendi como é legal ter uma vida organizada, e já sei o que isso significa, mas eu realmente não sei como fazer. Como começar. O primeiro passo."

A recomendação que costumo dar é sempre esta: em primeiro lugar, não se cobre tanto. Sua vida não ficou como está da noite para o dia nem mudará completamente do dia para a noite. Não existe um ponto zero onde começamos a nos organizar e um ponto final onde dizemos: "ufa, agora sim, sou uma pessoa organizada!". A vida muda a todo momento. Quando nos consideramos organizados, acontece uma mudança e nos tira dos eixos novamente. Então a primeira coisa a ter em mente é que não existe um ponto final na organização. Ela é uma habilidade para a vida.

Em segundo lugar, leia os textos do blog, todos os dias. Ao ler um trecho deste livro, implemente uma dica que achou legal e viável. Acostume-se com ela. Depois, implemente outra. E assim por diante. A organização resulta da consistência – não de um *extreme makeover* feito em um único fim de semana.

E, por mais que você leia e goste do livro (o que eu agradeço), o que vai fazer realmente diferença na sua vida é colocar a mão na massa. É ler sobre como encontrar soluções para a sua casa, pegar um organizador e começar. É ler sobre menu semanal, pegar uma folha de papel e começar a montar o seu. Com erros, com acertos. É uma construção. Contudo, você precisa começar.

Ler os posts, fazer cursos, participar de workshops são ações maravilhosas que nos trazem conhecimento, troca de experiências e dão motivação. É ótimo participar deles. No entanto, o que você aprendeu no dia não pode morrer ali. Ler sobre destralhar não é a mesma coisa que pegar um saco preto de plástico na mão e ir colocando roupas e objetos dentro para doar. E, quando você fizer isso, vai entender a diferença. Também vai ver como dá vontade de continuar, de fazer mais. Aí volto para a questão de não se cobrar tanto. Destralhar a casa hoje por 15 minutos é melhor do que não ter dado um passo sequer no seu caminho da organização pessoal.

Navegar no Pinterest, ver aquelas ideias maravilhosas de artesanato e faça-você-mesmo, ler revistas de decoração, tudo isso pode colocar em nossa mente que existe um ideal a ser atingido. Não há. E eu mesma sou péssima com artesanato; mas me chame para organizar um projeto.

No blog Vida Organizada você encontra quase três mil textos publicados. Ler todos eles não é o suficiente para você transformar a sua realidade, apesar de eu saber que a mudança do estado mental e a motivação são fundamentais nesse processo. Só quero dizer que isso não é suficiente. Ler, trocar ideias, tirar dúvidas – tudo isso é realmente maravilhoso. E mudar a mente muda todo o resto. Então, liberte a sua mente. Se ficou empolgada com um artigo, tente experimentar o que ele indica! Não tenha medo de fazer errado! Tente!

Como diz um velho provérbio chinês: "um bom discurso não cozinha o arroz". A água na panela já está fervendo. Não perca a oportunidade de lidar com ela agora.

Simplesmente comece.

Bibliografia

ALLEN, David. *A arte de fazer acontecer*. Rio de Janeiro: Sextante, 2015.

CAMPOS, Chris. *Casa da Chris*. Rio de Janeiro: Record, 2004.

EWER, Cynthia Townley. *Acabe com a bagunça*. Organize sua casa, melhore a limpeza e ponha fim no caos! São Paulo: Publifolha, 2006.

KENT, Cassandra. *O livro definitivo de dicas e sugestões de organização*. São Paulo: Marco Zero, 1997.

KONDO, Marie. *A mágica da arrumação*. Rio de Janeiro: Sextante, 2015.

LEVITIN, Daniel. *A mente organizada*. Rio de Janeiro: Objetiva, 2014.

LIMA, Beth. *Como arrumar a casa*. Rio de Janeiro: Record, 2006.

NOVAK, Jamie. *1000 melhores segredos rápidos e fáceis para você se organizar*. São Paulo: ARX, 2006.

PASCOLATO, Costanza. *O essencial*. São Paulo: Jaboticaba, 1999.

SMALLIN, Donna. *Casa limpa e arrumada*. Organize-se para cuidar da limpeza sem deixar de viver. São Paulo: Gente, 2006.

_____. *Organize-se*. Soluções simples e fáceis para vencer o desafio diário da bagunça. São Paulo: Gente, 2002.

STEWART, Martha. *Entertaining*. Nova York: Clarkson N. Porter, 1982.

WITTMAN, Laura. *Clutter rehab*. Berkeley: Ulysses Press, 2011.

Este livro foi impresso pela gráfica Bartira em
papel offset 75 g em julho de 2020.